I0140289

VOYAGE

DE

PIRON A BEAUNE,

ÉCRIT PAR LUI-MÊME.

BIJON. — Imp. de SIMONNOT-CARION.

VOYAGE

DE

PIRON A BEAUNE,

ÉCRIT PAR LUI-MÊME,

ACCOMPAGNÉ

DE PIÈCES SATIRIQUES ACCESSOIRES

ET DE SA BIOGRAPHIE ANECDOTIQUE.

J'i maiton queique chôse qui pique,
Ein grain de sei por iqui , por ilai ;
Vo saivé que le provarbe antique ,
Palan de no , di Borguignon salai.
(NOEL DE LA MONNOYE.)

DIJON,
VICTOR LAGIER,
Libraire-Éditeur.

PARIS,
A. LEDOYEN, LIBRAIRE,
Palais-Royal.

1847.

VOYAGE

DE

PIRON A BEAUNE,

ÉCRIT PAR LUI-MÊME.

BIJON. — Imp. de SIMONNOT-CARION.

AVERTISSEMENT DE L'EDITEUR.

——

Tout le monde a entendu parler de la guerre que Piron soutint contre les Beaunois; mais peu de personnes connaissent la relation de cette campagne burlesque, dont le souvenir est resté si populaire. On ignore généralement que Piron, après le combat, composa aussi ses *Commentaires* et sut conter, à son triomphe, des coups de bâton qui eussent couvert tout autre de confusion et de risée. Cet écrit ne se trouve pas dans ses OEuvres complètes; il est comme perdu dans un recueil peu connu et qui ne le donne, d'ailleurs, que fautif et mutilé. Aussi, la publication de cet opuscule a souvent été demandée, et l'on a cru répondre à un désir général en composant cette édition. Son texte est la reproduction fidèle des manuscrits les plus complets et les plus authentiques de cette intéressante histoire. On y a joint les pièces satiriques par lesquelles les hostilités ont commencé et fini et qui forment le complément naturel de la relation du Voyage à Beaune.

Les recherches que cette publication a nécessitées nous ont ouvert quelques portefeuilles bourguignons renfermant les documens les plus intéressans et les plus exacts sur la vie de l'auteur; on les a recueillis et publiés en tête de cette édition, sous le titre de Vie anecdotique de Piron. En souriant aux saillies et aux aventures joyeuses dont elle se compose, le lecteur nous pardonnera d'en avoir grossi cet ouvrage. On y trouvera, d'ailleurs, pag. 18, les explications historiques nécessaires pour l'intelligence des différentes pièces de ce recueil.

VIE ANECDOTIQUE

DE PIRON.

En écrivant cette vie de Piron, nous ne nous sommes point flatté de dire ce que nul n'aurait dit avant nous ; car, alors, nous serions entré dans des détails littéraires qui sont étrangers au plan que nous nous sommes tracé et qu'explique assez le titre que nous avons choisi.

Nous essaierons seulement de laver la mémoire de cet homme célèbre de tout ce qu'il y a de grossier et de flétrissant dans les traditions hasardées dont on compose sa vie. Piron subit encore aujourd'hui le châtiment d'une faute de sa jeunesse ; il expie une erreur que ni ses protestations, ni des écrits qui ne manquent pas de décence, ni soixante-quatre ans d'une vie irréprochable n'ont pu effacer.

Par suite de cette erreur, il s'est vu fermer les
portes de l'Académie française qui, cependant,
s'honorait de compter parmi ses membres des
contemporains de Piron, que rien ne recomman-
dait au choix des quarante immortels et à la faveur royale, qu'un nom illustre et une réputation
que le chaste dix-neuvième siècle s'empresserait
de flétrir.

Piron, fils d'un apothicaire, faisait crier au
scandale, et le duc et pair pouvait impunément
se glorifier de ses excès et s'en faire une auréole
qui eût brûlé le front du pauvre. L'un, placé dans
une sphère où le vice revêtu d'or et de soie était
caché sous le cordon du grand seigneur, se pava-
nait au sein d'une cour corrompue ; l'autre, sorti
de la foule et des rangs du peuple dans lequel n'é-
taient pas encore descendues les fanges qui souil-
laient de grands noms, devait porter ineffaçable-
ment marqué sur son front le sceau de la répro-
bation que lui imprimait une ode trop célèbre,
composée dans un moment d'oubli, destinée à une
destruction immédiate et malheureusement sau-
vée par un ami téméraire.

Ce ne fut rien pour Piron que d'être doué d'une
ame noble et franche. On ne lui tint compte ni de
sa loyauté, ni de la douceur de son commerce, ni
de son dévouement en amitié. Le souvenir de
cette ode, qu'il aurait voulu ensevelir dans un pro-

fond oubli, non-seulement le poursuivit pendant sa vie entière, mais flétrit encore aujourd'hui sa mémoire; et c'est presque la seule chose qui reste de lui dans les traditions populaires, traditions sur lesquelles la foule s'appuie pour juger ce poète dont le cœur était pur et bon.

Piron a eu le malheur de naître un siècle trop tôt, à l'époque où retentissait encore le bruit des fêtes au milieu desquelles apparaissait le grand roi entouré de ses fils adultérins, qu'en dépit de la nation et au mépris de ce qu'il y a de plus sacré, il assimilait à ses enfans légitimes; il fut témoin plus tard, pendant son enfance, des persécutions religieuses auxquelles le zèle inconsidéré d'une femme adroite et dévote poussait la vieillesse du monarque; il assista aux saturnales de la régence; il vit sur la fin de sa carrière un roi livré aux plus ignobles passions, les destinées de la France confiées à des mains mercenaires, à des hommes prosternés aux pieds d'une prostituée, et l'on s'étonne que Piron, brûlant du feu de la poésie, dans toute la fougue de l'âge, car il avait vingt ans, ait osé mettre en vers ce que des hommes haut placés mettaient en action. Nous ne le justifions pas, mais, nous le répétons, il a cruellement expié sa faute.

Écoutons-le racontant et déplorant lui-même, dans la préface de la *Métromanie*, cet égarement

d'un instant qui pesa d'un poids si lourd sur sa
vie entière : « Pauvre poète, s'écrie-t-il, malheur
« à vous, si jamais vous avez donné prise sur
« vous par une heure ou deux de feu mal em-
« ployé dans votre première jeunesse! Ce n'auront
« pas été, comme on le croit bien, des volumes
« de contes lascifs et dangereux, ni des livres
« complets de satires mordantes, dont le fiel aura
« distillé sur l'honneur du prochain, et peut-être
« sur ce qu'on reconnaît de plus sacré dans ce
« monde-ci et dans l'autre. Oh! non, sans doute;
« une si prodigieuse dépense n'est pas l'iniquité
« ni l'ouvrage d'un moment. Ce n'aura même,
« heureusement, rien été de comparable à tout
« cela; rien de satirique, de séduisant ni d'impie;
« rien que vous ayiez produit au grand jour, ni
« même avoué jamais. Qu'aura-ce donc été? Une
« folie, une débauche d'esprit fugitive et momen-
« tanée, une exagération burlesque, un croquis
« non moins informe qu'inconsidéré, auquel votre
« cœur ne doit pas être plus accusé d'avoir eu
« part, que celui d'un peintre en peut avoir à de
« légères études d'après le nu; que celui de nos
« poètes tragiques en eut à l'expression qu'ils
« donnent aux sentimens affreux de leurs scélé-
« rats et d'un personnage incestueux, perfide,
« sacrilége ou sanguinaire. Que vous dirai-je,
« enfin? Ce n'auront été que des rimes cousues,

« presque en pleine table, à de la prose qui s'é-
« gayait à la ronde sur la fin d'un repas. Folie
« très-blâmable, sans doute, on ne peut trop le
« dire, ni trop le répéter, mais si courte, qu'en
« faveur de l'âge et des circonstances, un sage, un
« vrai dévot n'aurait attendu qu'à peine au len-
« demain pour passer l'éponge dessus et étouffer
« le scandale à sa naissance : belle intention, qui
« n'est pas celle des méchans.

> « Périsse le pécheur et vive le scandale!
> « En ces sortes de cas, voilà de leur morale.

« Mais je m'aperçois que, sans le vouloir et
« d'abondance de cœur, tout en déclamant contre
« la calomnie et la détraction qui, l'une et l'autre,
« m'ont de tous les temps poursuivi sans relâche,
« j'ai insensiblement conté ma propre histoire.
« Ce l'est en effet. Qu'on m'y reconnaisse, je
« l'adopte en rougissant et la ratifie dans tous ses
« points. A vingt ans (mauvais exemple, jeunesse,
« mais bonne leçon), à vingt ans, je tombai dans
« le court égarement dont je viens de parler, et
« je le payai cher à soixante. Sans parler de plus
« d'une grace accordée sous mes yeux en des cas
« peut-être plus graves, ne devais-je pas du moins
« un peu compter sur la double prescription ?
« Puisse enfin cet humiliant et libre aveu, qui,
« d'ailleurs, manquait essentiellement au sceau

« de ma condamnation, achever d'expier une si
« vieille extravagance ! Puisse le regret mortel
« que j'en eus presque en la commettant, regret
« que ma vénération pour les bonnes mœurs me
« fait emporter au tombeau, puisse-t-il me méri-
« ter le pardon dans les deux mondes ! »

Notre but n'est point de faire l'apologie de Piron : nous ne voulons que donner une idée fidèle de
son caractère, de son humeur enjouée qui se tra-
duisait par des saillies et des bons mots dont la
plupart, toutefois, lui sont attribués à tort. La calomnie, qui ne l'a pas épargné de son vivant, lui
a survécu, et combien de gens, aujourd'hui, ne le
jugent que sur les grossiers recueils en *ana* dans
lesquels ont été consignées sans critique les anec-
dotes dont il fut le prétendu héros ! Nous serons
sobre à cet égard, et nous ne raconterons que ce qui
paraît authentique dans cette vie d'artiste tant soit
peu épicurienne, si animée par la verve et l'esprit,
si intéressante et si curieuse dans ses vicissitudes.

Alexis Piron naquit le 9 juillet 1689, à Dijon,
dans la maison située à l'angle des rues Piron et
Berbisey. Son père, Aimé Piron, exerçait la profession d'apothicaire et s'était distingué, non-seulement par ses vertus de famille, sa probité, sa
franchise, ses mœurs antiques et pures, mais encore par son caractère enjoué, son esprit distingué et ses goûts littéraires.

On peut dire que la poésie accueillit le jeune Alexis à sa naissance et veilla sur son berceau. Il s'endormit plus d'une fois aux accens patois des Noëls, fruits naïfs de la muse de son père, car le grave apothicaire cultivait les belles-lettres et il précéda dans la carrière le célèbre auteur des *Noéi borguignons*, Bernard de La Monnoye, avec lequel il fut lié pendant 80 ans de l'amitié la plus étroite. Celui-ci, cédant aux instances d'Aimé Piron qui l'en suppliait *po l'aimor de Dieu et de fran Barozai*, composa, dans le patois si naïf des villageois bourguignons, ces chants fameux qu'accompagne un spirituel et savant commentaire de l'auteur, et qui passeront à la postérité comme les œuvres de Rabelais.

Élevé dans cette asmosphère poétique, au sein d'une famille où régnait une gaîté spirituelle, le jeune Piron s'inspira de bonne heure du génie de la poésie. Mais il éprouva, dès ses jeunes ans, toutes les douceurs et toutes les amertumes qu'elle répand sur le cours de la vie. Il fut d'abord frappé du même horoscope que J.-J. Rousseau : ses maîtres le déclarèrent, comme il le raconte lui-même, *atteint et convaincu d'une incapacité totale et perpétuelle*, parce qu'il était vif et inappliqué aux fastidieuses leçons dont ils le chargeaient, et préférait se livrer à des études de son choix. Plus tard, lorsque ses parens, dont la fortune était médiocre,

voulurent diriger sa jeune intelligence vers un but
plus solide, ils rencontrèrent une résistance que
ne purent vaincre ni les remontrances, ni les châtimens. Toutefois, les persécutions de son enfance
eurent le sort de toutes les persécutions : elles ne
firent qu'aggraver le mal ; et Piron, formé par ses
maîtres aux mélodies d'Horace et de Virgile, re-
trouvant la poésie assise au foyer paternel, ne
put, comme il le raconte lui-même, surmonter
l'ascendant de sa planète.

« Je veux, dit-il dans la préface de la *Métroma-*
« *nie*, que la persécution qu'on me faisait fût
« juste ; comment l'entendait-on, puisque, tan-
« dis qu'à la maison ce n'étaient que châtimens
« de toute espèce pour rompre l'enchantement,
« au collége, au contraire, on n'épargnait rien
« pour en augmenter la force? Les régens nous
« mettaient en main les poètes classiques, en
« chargeaient nos mémoires, en abreuvaient nos
« esprits, nous en faisaient sentir, et par de-là,
« l'élégance et les graces, les exaltaient avec
« enthousiasme, et finissaient par nommer ce
« langage le langage des dieux. Pour moi, qui
« les écoutais avidement et de la meilleure
« foi du monde, je n'en rabattais rien dans
« ma faible judiciaire. J'observais de plus que
« ces poètes, sans avoir essuyé ni la fatigue, ni
« le danger des armes, et moins encore l'em-

« barras des richesses ; sans avoir été ni des
« Cyrus ni des Crésus, n'avaient pas laissé,
« dans le calme de leur cabinet, que de se
« faire une célébrité, sinon plus grande, au
« moins plus pure, plus personnelle sans doute,
« et plus durable peut-être que celle de ces
« hommes si fameux. Est-il jeune tête, pour peu
« qu'il y pétille déjà quelque bluette de feu poé-
« tique, qui soit assez ferme pour ne se pas
« tourner vers un point de vue si brillant? Se
« connaissant si peu, que ne présume-t-on
« pas de soi? Un de mes camarades de classes,
« jeune homme vif et bien fait, né brave (car il
« en est, je crois, du brave comme du poète :
« *nascitur uterque*); celui-ci donc, l'imagination
« échauffée à sa façon de la lecture de l'*Iliade*,
« de l'*Enéide* et de nos merveilleux romanciers,
« s'enrôla, dès l'âge de quinze ans, dans les
« dragons. Je n'en avais que douze ou treize
« alors, et j'en étais encore à mon premier en-
« thousiasme, quand ce jeune étourdi partait tout
« rempli du sien. — Adieu, mon ami, me dit-il
« d'un ton d'Artaban : J'y perdrai la vie, ou je
« ferai voir jusqu'où peut monter un brave sol-
« dat. Il croyait déjà tenir à coup sûr et son
« épée et le bâton du maréchal Fabert dans le
« même fourreau. — Courage, ami, lui répondis-
« je à peu près du même air : et moi, de mon

« côté, j'y perdrai mon latin, ou j'aurai mois-
« sonné d'aussi beaux lauriers que les tiens.
« Reviens un Achille, et sois sûr de retrouver
« en moi, à ton retour, un Homère qui te chan-
« tera comme tu l'auras mérité. Tels furent nos
« adieux héroïques. Nous nous séparâmes, et
« depuis nous avons tous les deux atteint notre
« but à peu près l'un comme l'autre. Le pauvre
« garçon, avec quarante-cinq ans de plus et
« un bras de moins, est mort soldat aux Inva-
« lides. »

Cependant, parvenu à l'âge de choisir une profession, Piron se fit violence pour se rendre aux
instances de sa famille; mais rien ne put le déci-
der à embrasser l'état ecclésiastique ainsi que ses
parens l'auraient désiré, et il préféra la profession
d'avocat, quoiqu'il ne se fît point illusion sur les
éminens talens et les grandes vertus dont doit être
doué celui qui se voue à la défense des biens, de
l'honneur et de la vie même des citoyens. Déter-
miné à suivre la carrière de la jurisprudence, il
partit pour Besançon où il prit ses degrés.

De retour à Dijon et prêt à s'essayer aux luttes
du barreau, un dérangement subit et imprévu dans
la fortune de son père le força de renoncer à cette
carrière : la profession d'avocat lui paraissait trop
noble pour être compatible, comme il le disait,
avec le besoin d'un écu.

Piron y renonça sans chagrin, et retrouva avec une sorte d'enthousiasme l'espérance de se consacrer pour toujours au culte des Muses.

Malheureusement son début lui fut fatal; car c'est à cette époque que parut, contre sa volonté, et par l'indiscrétion de M. Jehannin l'aîné, jeune conseiller au Parlement, qui l'avait provoquée et à qui elle avait été adressée, cette ode chef-d'œuvre de verve et de licence qui influa d'une manière si funeste sur toute sa carrière. L'impression scandaleuse que fit cet écrit le força de quitter sa patrie et de chercher ailleurs des moyens d'existence.

Il comprit alors l'insuffisance des ressources qu'il espérait rencontrer dans la carrière des lettres, et il fut heureux qu'un talent auquel il ne pensait pas devoir jamais recourir, lui procurât le pain qu'il cherchait vainement sur le Parnasse. Il excellait dans la calligraphie, et sa plume, qui avait toute la perfection du burin, lui valut un modeste emploi chez un riche financier qui avait la manie de faire des vers. Piron, obligé de copier, aux gages de 200 livres par an, les œuvres de son patron, et trop franc pour cacher son opinion sur leur valeur, se permit des critiques qui amenèrent sa disgrace. La nécessité le rappela à Dijon, où sa vie fut mêlée de travail et de plaisir. C'est à cette époque que sa verve et

2

sa gaîté caustique soulevèrent contre lui de nouvelles inimitiés et l'engagèrent dans une lutte célèbre dont il sortit cette fois avec les honneurs de
la guerre.

Il existait alors à Dijon et dans les villes voisines des associations de citoyens qui, sous le nom
de Chevaliers de l'Arquebuse, s'exerçaient au tir
et se réunissaient annuellement dans des fêtes
animées. On était en 1715, et les chevaliers de
Dijon, qui rendaient cette année le prix de l'Arquebuse, invitèrent à leur fête les compagnies des
villes voisines. Celle de la ville de Beaune rem-
porta le prix, et Piron célébra cette victoire
par une ode satirique remplie de traits mordans
contre les chevaliers de Beaune; ceux-ci ri-
postèrent par des épigrammes, et il s'établit entre
Piron et ses adversaires un feu roulant de couplets qui mirent les rieurs du côté du champion
dijonnais. Une fois la guerre allumée, Piron n'ac-
corda à ses ennemis ni paix ni trève; il les accabla
de sarcasmes, et la muse de Beaune, trop faible
pour un tel adversaire, dut ajourner sa vengeance
à des temps plus heureux.

Les habitans de Beaune étaient alors porteurs
d'un sobriquet qui, nous nous empressons de le
dire, ne pouvait pas être plus mal appliqué et
qu'ils méritent moins encore aujourd'hui que jamais; ils ont vu naître et s'élever parmi eux plus

d'un citoyen dont la France s'honore, et l'esprit vif et piquant de la Bourgogne n'est nulle part plus saillant que dans cette intelligente population. On leur donnait le nom d'*Anes de Beaune,* comme on disait les *Veaux d'Arnay,* et personne n'attachait une importance sérieuse à ces quolibets dont on a cherché sans succès l'origine, et qui étaient arbitrairement attachés à la plupart des villes par la malice et la jovialité du vieux temps.

Piron exploita ce sobriquet qu'il livra aux risées publiques en l'assaisonnant de mille manières. Un jour il massacre à coups de canne des chardons dans les environs de la ville. Un de ses amis lui en demande la raison : — Ne le voyez-vous pas? répondit-il, je suis en guerre avec les Beaunois, et je leur coupe les vivres.

L'occasion de faire éclater leur ressentiment ne tarda pas à s'offrir aux Beaunois. Ils rendirent, en 1717, le prix de l'Arquebuse, et ils invitèrent à la fête les chevaliers de Dijon. Piron les accompagna malgré les remontrances et les prières de ses amis qui savaient à quel point les esprits étaient animés contre lui.

Mais il ne manquait pas de courage, et quand les compagnies de chevaliers défilèrent devant lui, il resta fièrement campé dans la rue pour braver ses adversaires. Les chevaliers de Dijon qui ouvraient la marche, apercevant leur compatriote, allèrent à lui et le pressèrent de se placer dans leurs rangs pour se soustraire aux vengeances de ses ennemis. Mais Piron, de l'air et du ton d'un Ajax, leur répondit :

> Allez, je ne crains point leur impuissant courroux,
> Et quand je serais seul, je les *bâterais* tous.

Les chevaliers de Beaune, qui défilèrent les derniers, furent courtois et polis ; chaque chevalier, en passant devant Piron, baissa la pointe de son épée et l'honora d'un salut auquel il répondit en s'inclinant et en mettant deux doigts sur ses lèvres, pour leur promettre une trève de paroles et de railleries. Mais, peu fidèle à ce serment, il ne put s'empêcher de faire, sur les allures un peu gauches de la milice bourgeoise, des plaisanteries qui rappelèrent la colère dans des cœurs disposés à la réconciliation.

Le lendemain, les fêtes continuèrent, et Piron passa la journée chez les prêtres de l'Oratoire, parmi lesquels il avait un frère et qui l'avaient invité à dîner. Cette journée fut fort gaie ; la sainteté du lieu, loin de mettre un frein aux saillies et aux bons mots de notre poète, ne fit que l'animer, et jamais les bons pères ne rirent d'aussi bon cœur. Il ne les quitta qu'à 8 heures du soir pour se rendre à la comédie. Arrivé à la porte de la salle, il s'arrête près d'un jeune homme d'une tenue élégante qui s'agitait beaucoup et paraissait donner des ordres. Il lui parut devoir être instruit du programme de la fête : — Quelle pièce joue-t-on ce soir, lui demanda-t-il? — *Les Fureurs de Scapin*, répond le jeune homme avec assurance. — Grand merci, monsieur, reprit le poète, on m'avait dit *que c'était les Fourberies d'Oreste*.

Son entrée au parterre ne manqua pas de faire une vive sensation parmi les spectateurs qui étaient nombreux. De tous côtés plut sur lui une foule de brocards qu'il repoussa avec sa supériorité ordinaire, et les plaisans furent réduits au silence. Jusqu'au troisième acte, tout se passa assez bien ; mais au moment où *Scapin* fait entrer *Géronte* dans le sac, un jeune homme, peut-être bien le maître des cérémonies qui avait instruit Piron du sujet de la pièce, s'écria : *Paix-là, Messieurs, paix-là, on n'entend pas.* — *Ce n'est pas faute d'oreilles*, répartit Piron. A l'instant mille cris de colère éclatent dans la salle ; le jeune homme irrité voulait s'élancer sur lui l'épée à la main, et l'on eut mille peines à faire cesser le tumulte et à terminer le spectacle.

La toile à peine baissée, Piron s'esquive le premier et espère, par la rapidité de sa course, échapper à la vengeance de ses adversaires ; mais ceux-ci le poursuivent avec ardeur, et bientôt l'atteignent au détour d'une rue. Vingt flamberges

sont dirigées sur sa poitrine. Piron, brave et
robuste, se défend avec valeur; déjà il a rompu
plusieurs épées, mais il est près de succomber sous
le nombre, lorsque le maire de Beaune, à la porte
duquel se passait la scène, le reçoit dans sa maison et le soustrait à la rage de ceux qui voulaient
du sang pour des railleries.

Peu s'en fallut, comme on le voit, que la comédie ne finît tragiquement. Le lendemain, Piron
fit retraite de grand matin et regagna Dijon en
toute hâte. Alors les Beaunois, se voyant maîtres
du champ de bataille, voulurent consommer la dé-
route de l'ennemi par une décharge générale de
leur artillerie; ils crurent faire merveille de réunir
en une liasse toutes les chansons, les épigrammes, les satires qui avaient été composées
contre Piron et de les lui adresser accompagnées
de nouveaux couplets. En recevant cet énorme
paquet, le poète sourit, il prend la plume et répond sur-le-champ :

> Quand, sans cuirasse et sans épée,
> Sur ma carcasse constipée
> Je vis briller vingt glaives nus;
> Je le confesse à votre gloire,
> Vous me fîtes venir la foire,
> Vous me deviez des torche-culs !

Ce dernier trait accabla les adversaires de Piron; mais ce qui mit fin principalement à la que-

relle, ce fut le départ du poète pour Paris. Privé
de ressources dans sa patrie, il lui fallut quitter
bien à regret le pays des bons vins qu'il aimait tant
à fêter, pour venir tenter la fortune dans la grande
ville, où alors, comme aujourd'hui, se donnait
rendez-vous tout ce que la France produisait de
talens. Mais le temple de la Fortune s'ouvrait diffi-
cilement pour eux, surtout à cette époque où les
lettres, encore esclaves, n'osaient paraître au
grand jour que sous le patronage de quelques riches et puissans Mécènes qui faisaient payer
sur la cassette royale ou sur les recettes du *Mercure de France* l'encens que les poètes leur don-
naient.

Les illusions de Piron ne durèrent pas long-
temps ; recommandé au comte et au chevalier de
Belle-Isle, il en fut à peine regardé. Seulement, le
chevalier, qui avait besoin d'un copiste pour mettre au net les volumineux manuscrits diplomati-
ques, les plans de campagne et les projets qu'il
écrivait pour la gloire de la France, lui fit dire
qu'il l'occuperait à transcrire ces fastidieuses
élucubrations moyennant 40 sous par jour.

L'ame du poète fut cruellement froissée à cette
proposition ; mais il avait faim. Il fallut faire taire
un juste orgueil et se résigner à copier les inter-
minables productions du chevalier, en compagnie
d'un pauvre soldat aux gardes françaises, dans un

galetas à peine lambrissé. La perspective était belle, on lui avait fourni de la besogne au moins pour 10 ans! Il y avait, certes, de quoi éteindre le feu poétique le plus brûlant et glacer l'imagination la plus brillante. Aussi quiconque se sentira dans le cœur quelque étincelle, plaindra le poète ainsi rivé à son banc, rêvant aux doux vallons de sa patrie, au nectar joyeux de ses riches coteaux, et réprimant les élans de sa verve pour un travail ingrat et rebutant. Heureux encore si le grand seigneur se fût de temps en temps souvenu de l'humble poète et eût souri au joyeux enfant de la Bourgogne; mais il avait bien d'autres soucis, et six mois s'étaient écoulés sans que le pauvre copiste eût entendu parler de son salaire. Pressé par le besoin, il ose demander une audience au chevalier pour solliciter son paiement; on la lui refuse. Alors il recourt à un moyen assez original. Le chevalier possédait un fort beau chien qui avait pris le poète en amitié et lui rendait de fréquentes visites. Piron s'avisa d'entourer son collier de vers dans lesquels il dépeignait sa triste situation; mais son messager revint, hélas! sans réponse. Cependant la faim le pressant toujours, il chargea de nouveau son fidèle ami de porter à son maître la requête suivante :

Preux chevalier, que Mars et sa maîtresse
Puissent couvrir de myrte et de lauriers!

Or, écoutez un hère en grand'détresse,
Qui craint bien Dieu, puis après les huissiers.
Mon aubergiste, un de mes créanciers,
Pour qui, le plus, je me sens de tendresse
(Même deux fois par jour lui fais caresse),
Las, me reçoit si très-peu volontiers,
Qu'il ferme l'huis dès qu'il voit que j'arrive.
Si faut-il vivre et griffonner pour vous,
Je le voudrais; mais comment, entre nous,
Si n'ai pécune, entend-on que je vive?
Bien mieux, comment, je le demande à tous,
Si je ne vis, entend-on que j'écrive?
Je ne le sais. Or, donnez-moi de quoi;
Voilà le point. Puis excusez ma muse
De vous offrir vers de pareil aloi.
Faim fait faillir; je l'ai, c'est mon excuse.
Vous déplaît-elle? Eh bien! ôtez-la moi.

Cette pièce produisit son effet, c'est-à-dire qu'on
jeta au copiste le modeste prix de son travail, sans
qu'on daignât s'informer quelle était la muse qui
avait produit ces vers, et le poète serait resté mé-
connu sans une circonstance où son secret lui
échappa.

M. Blin, secrétaire du chevalier de Belle-Isle,
se croyait poète parce qu'il avait enfanté une tragédie, et, fier de son chef-d'œuvre, il réunit quelques amis pour en entendre la lecture. A cet effet,
il pria Piron de lui prêter sa mansarde et lui permit de rester au nombre des auditeurs, bien loin
de se douter qu'il était le seul qui pût apprécier
son talent. Dès la première scène, Piron voulut

se permettre une observation ; mais, d'un geste, l'auteur lui imposa silence et poursuivit jusqu'à la fin du premier acte. Incapable de dissimulation, Piron fit alors connaître avec franchise ce qu'il pensait de cette œuvre ; il montra si bien en quoi elle péchait, il parla si savamment du théâtre, des règles de la tragédie et de l'art de la versification, que l'auteur confondu suspendit la séance, congédia son auditoire et vint bientôt retrouver Piron. « Je rougirai toute ma vie, lui dit-il, du mauvais rôle que j'ai joué devant un homme de votre mérite. Vous m'avez ouvert les yeux sur les défauts de ma tragédie et je l'ai mise au feu ; oubliez-la, je vous prie, et gardez-m'en un éternel secret. »

Piron, touché de cette noble franchise, guérit du mieux qu'il put la blessure qu'il avait faite à l'amour-propre du poète désabusé, et désormais il le compta au nombre de ses amis. Celui-ci s'empressa de révéler le talent de Piron et lui fournit bientôt une occasion de le mettre en évidence. La ville d'Arcis-sur-Aube avait été détruite par deux incendies successifs, et son généreux seigneur, M. Grassin, l'avait rétablie à ses frais. Les habitans, pour léguer à la postérité le souvenir de leur bienfaiteur, lui avaient élevé une colonne, et, à la prière de M. Blin, Piron leur fit cette belle inscription pour y être gravée :

La flamme avait détruit ces lieux ;
Grassin les rétablit par sa munificence.
Que ce marbre à jamais serve à tracer aux yeux
Le malheur, le bienfait et la reconnaissance.

C'est alors que Piron eut le courage de rompre
ses chaînes et de se soustraire à son esclavage ; il
laissa à qui voulut les transcrire les insipides manuscrits du chevalier de Belle-Isle et se livra tout
entier au goût qui l'entraînait vers la carrière dramatique. Ses premiers essais furent quelques petites pièces composées pour l'Opéra-Comique qui
se tenait alors sur la foire de Saint-Germain. Il
y obtint un brillant succès et conçut l'espérance
de pouvoir un jour travailler pour un théâtre plus
digne de lui.

Le cercle de ses amis s'élargissait de jour en
jour, et ce qui le faisait rechercher avec tant d'ardeur, c'était moins son talent poétique que la
gaîté inaltérable de son caractère, ses saillies vives et piquantes, jointes à une humeur douce et
pleine d'affabilité. Il était admis dans l'intimité
de la veuve du marquis de Mimeure, qui lui
continuait l'amitié dont l'avait honoré son mari,
et le recevait fréquemment.

A cette époque, Piron avait contracté l'habitude
d'aller chaque jour faire une longue promenade
au bois de Boulogne. Là, se livrant à ses rêveries,
son ame quittait la terre pour se perdre dans les

espaces ; et souvent, en s'éveillant de ses extases,
il ne pouvait reconnaître les lieux où l'avait égaré
sa muse vagabonde. Sa mauvaise vue l'empêchait
de retrouver son chemin ; il n'arrivait chez lui
que fort tard et exténué de besoin, car, doué
d'une taille et d'une constitution athlétiques ,
son estomac s'accommodait mal d'une aussi
longue abstinence. Il écouta ses murmures et se
munit désormais prudemment d'un morceau de
pain et d'un flacon de vin chaque fois qu'il partait
pour ses promenades favorites.

Un jour, en y allant, il entra chez Mme de
Mimeure, qui lui dit : Depuis long-temps vous
désirez faire connaissance avec M. de Voltaire.
Le hasard vous sert à merveille ; il est ici ; vous
le trouverez au salon ; je vous rejoins à l'instant. Piron, transporté, obéit. Il aperçoit Voltaire enfoncé dans un large fauteuil , près du
feu, les jambes écartées et les pieds sur les che-
nets. En entrant , il lui fait cinq ou six saluts pro-
fonds, auxquels le roi de la scène répond par un
imperceptible mouvement de tête.

Piron dissimule son mécontentement. Il s'assied
à l'autre coin de la cheminée et cherche à entamer
la conversation par des avances auxquelles Voltaire ne répond que par une espèce de grognement
peu encourageant. Cependant Piron s'efforce de
faire bonne contenance : mais c'est peine perdue ;

le prince des poètes, le chef de la philosophie ne
se réveille point de son insolente apathie. De temps
à autre seulement des bâillemens prolongés témoi-
gnent du peu d'intérêt qu'il attache aux prévenan-
ces de Piron qui, découragé par ses vaines tenta-
tives, se renferme à son tour dans un profond silence. Voltaire se met à fredonner un air d'opéra;
Piron siffle entre ses dents un motif de Rameau;
Voltaire s'empare des pincettes et tisonne le feu;
Piron prend du tabac et éternue avec force; enfin
Voltaire tire de sa poche une croûte de pain et la
broie entre ses dents avec un bruit qui étonne Piron; celui-ci prend alors son flacon et le vide tout
d'un trait. Au lieu d'applaudir à cette saillie, Voltaire s'en offense. Monsieur, lui dit-il, j'entends la
plaisanterie tout comme un autre, mais vous avoue-
rez que la vôtre passe toutes les bornes; je sors
d'une maladie qui m'a laissé un besoin continuel
de manger à toute heure. — Mangez, Monsieur,
mangez, réplique Piron, vous faites bien; et moi,
je sors de Bourgogne avec un besoin continuel de
boire, et je bois. A ces mots, Voltaire se lève, quitte
le salon et dit à Mme de Mimeure qu'il rencontre:
Quel est donc cet ivrogne que vous m'avez en-
voyé et qui ne sait que boire? — Ah! mon pauvre
Piron, s'écria Mme de Mimeure, en abordant le
poète, qu'avez-vous fait? Vous avez blessé Voltaire,
et vous n'ignorez pas combien il est rancuneux.

Piron l'éprouva bien ; Voltaire fut souvent pour lui un obstacle, et il décocha contre son joyeux confrère plus d'un trait mordant. Tout le monde connaît la fameuse épitaphe que Piron se fit de son vivant :

Ci gît Piron qui ne fut rien,
Pas même académicien.

L'auteur de *Mérope* en retranchait le dernier vers, et disait :

Cit gît Piron qui ne fut rien.

Heureux toutefois de la légère vengeance qu'il avait tirée de l'impolitesse de Voltaire, Piron fut se promener, comme à l'ordinaire, au bois de Boulogne.

A son retour, il se reposa sur un banc situé près de la porte *de la Conférence*. Il était loin de sa demeure et se croyait parfaitement étranger à tous les passans. Cependant chacun d'eux le saluait ; les hommes ôtaient leurs chapeaux, les femmes faisaient la révérence ; et Piron, étonné, leur rendait gracieusement leurs saluts. — Ah ! se disait-il, si ce M. de Voltaire était là, il verrait bien que je ne suis pas aussi inconnu qu'il le pense ; il serait jaloux de ma popularité. La vanité du poète bourguignon s'exaltait ainsi, quand une vieille bonne femme vint s'agenouiller devant lui.—Ah ! c'en est trop, ma bonne, lui dit Piron ; je ne mérite pas tant d'honneur. Relevez-vous, de grace. La bonne femme s'obstinait, et Piron, en se penchant vers elle, entendit qu'elle marmotait un *Ave, Maria*. Alors il leva la tête et aperçut dans une niche une sainte vierge de bois. C'était à elle que s'adressaient les hommages qu'il avait pris pour lui.

Piron traversait habituellement, pour se rendre aux Tuileries, le passage des Feuillans, où mendiait un aveugle qui, pour exciter la charité publique, avait affiché sur sa loge de mauvais vers de sa façon. Mais le succès ne répondait pas à ses espérances, et on lui conseilla de s'adresser à Piron. — Il passe ici tous les jours, lui dit-on; il est aveugle comme toi et fait mieux les vers.

L'aveugle, profitant de l'avis, présente sa requête à Piron. — Très-volontiers, confrère, lui dit le poète, j'y ferai de mon mieux, sois-en sûr. Et, au retour de sa promenade, il lui remit les vers suivans :

> Chrétiens, au nom du Tout-Puissant,
> Faites-moi l'aumône en passant !
> L'aveugle qui vous la demande
> Ignore qui la lui fera;
> Mais Dieu, qui voit tout, le saura;
> Il le priera qu'il vous la rende.

La singularité de l'aventure et la touchante simplicité des vers que chacun voulut lire ne tardè-

rent pas à donner au pauvre aveugle une vogue
dont il avait grand besoin.

C'est vers ce temps, en l'an 1728 environ, que
Piron, cédant aux conseils de ses amis, ou plutôt
s'abandonnant à son génie, renonça au théâtre de
la foire de Saint-Germain et entra dans une carrière plus noble. Il travailla pour le Théâtre-Fran-
çais, et il a laissé des œuvres dont l'examen n'est
pas de notre sujet, mais qui ont fondé sa gloire
et fait vivre son nom.

Piron n'avait guère recueilli de ses premiers
essais dramatiques qu'une renommée sans argent;
mais peu lui importait la fortune. Il avait arrangé
sa vie sans la faire entrer dans ses projets. Aussi,
en travaillant à des sujets plus élevés, avait-il plutôt suivi le penchant qui l'entraînait que le désir
d'acquérir autre chose que de la gloire. Alors,
on n'attachait qu'un prix médiocre aux veilles d'un
poète dramatique, et les œuvres les plus renom-
mées rapportaient plus de profit aux comédiens
qu'aux auteurs. Voltaire voulait faire cesser cet
abus, mais il n'osait prendre l'initiative. Il donna à
Piron rendez-vous chez Lamothe, un de leurs con-
frères, et là lui exposa l'objet de l'entrevue. Il le
pressa de ne livrer aux comédiens sa tragédie de
Callisthène qu'à des conditions avantageuses. Lamothe unit ses instances à celles de Voltaire, et tous deux
cherchèrent à lui persuader d'entamer cette affaire.

Piron les écoute froidement et témoigne ensuite
son étonnement de ce que Voltaire veut mettre en
avant un poète si jeune encore dans la carrière,
tandis que lui, doyen et roi de la scène française,
et en position de dicter la loi, refuse d'attacher
le grelot. Voltaire insiste, l'invite à ne pas négliger
son propre avantage,—car, ajoute-t-il, vous n'êtes
pas riche, mon pauvre Piron.—Cela est vrai, réplique celui-ci, mais je m'en f....; c'est comme si
je l'étais. A ces mots, il prend congé d'eux en vrai
poète, plus avide d'estime que d'argent.

Une communauté de pensées et de sentimens
l'avait uni d'amitié à M. Collé, jeune poète plein
de feu et d'esprit. Le plaisir plus encore que les
muses avait resserré leurs liens, et leur société
s'augmenta d'un joyeux confrère, M. Gallet, qui,
quoique épicier, cultivait les muses et s'était rendu
célèbre par ses talens de chansonnier.

Notre marchand poète faisait des affaires assez
importantes. Il invitait fréquemment Piron et Collé
à ses dîners, surtout lorsqu'il avait à traiter quelque correspondant. La gaîté des convives rendait
celui-ci plus facile en affaires, et Gallet exploitait
ainsi le plaisir au profit de l'intérêt.

Piron s'aperçut de cette manœuvre, et dit à
Collé : Je crois, mon cher ami, que cet homme
me prête sur gage. Cette idée l'anima, et il se
surpassa lui-même, à la grande satisfaction de

l'épicier-poète dont le crédit croissait avec la
gaîté de ses hôtes.

Piron, Collé et Gallet se réunissaient à souper
deux fois par semaine chez une dame qui n'était
plus jeune ni belle, mais qui avait conservé de
ses charmes ceux qui ne vieillissent point, l'esprit, le bon ton et cette affabilité dont l'empire est
bien aussi puissant que celui d'un doux regard.

Un soir ils se rendirent chez leur hôtesse plus
tard que d'ordinaire; l'appétit n'en fut que plus vif
et le dîner plus gai. La nuit les surprit à une heure
avancée, luttant encore de saillies spirituelles, de
bons mots, de couplets improvisés. Il fallut enfin
se retirer. Bras dessus, bras dessous, les trois amis
quittent l'hospitalière maison et arrivent au coin
de la rue de Harlay, sur le quai des Orfèvres. Là
Piron s'arrête : Adieu, mes amis, voilà votre chemin, dit-il, en indiquant le quartier Saint-Eustache
où ils demeuraient, et voici le mien, en montrant
le faubourg Saint-Germain, vers lequel il se dispose à s'acheminer seul; bon soir et à demain. —
Mais Collé et Gallet s'écrient : Nous ne te quittons
pas ainsi; nous allons t'accompagner jusque chez
toi. Mon pauvre garçon, ajoute Gallet d'un ton que
le vin rendait fort tendre, tu n'y penses pas! t'en
aller là, tout seul, à une heure du matin, sans un
ami pour te défendre contre les voleurs dont les
rues sont pleines. — Non, Messieurs, non, je ne

le souffrirai pas, réplique Piron; j'ai d'ailleurs
quelque chose en tête, et je veux rimer en chemin.
— Ah! Piron, tu me fends le cœur, s'écrie Collé
d'une voix attendrie; veux-tu mourir sans nous?
Piron, que le vin rend aussi hardi que ses amis
timorés et pleins d'effusion, résiste et veut à toute
force se séparer d'eux. — Songe donc, lui dit
enfin Gallet, songe donc que tu as un habit de
velours tout neuf; qu'au premier coin de rue, un
voleur te prendra pour un financier et te tuera
pour avoir ton habit et ton argent; quelle douleur pour nous d'apprendre demain matin que....
— Ah! c'est mon habit que vous vouliez recon-
duire, que ne le disiez-vous plus tôt; tenez,
le voici. Je puis maintenant rencontrer tous les
voleurs de Paris. En disant ces mots, il se dé-
pouille lestement de son habit, le jette aux pieds
de ses amis, et s'enfuit comme un éclair. Ceux-ci
le ramassent et courent après Piron, lui criant
qu'il va s'enrhumer : mais il les laisse crier et
n'en court que plus vite. Au bout du quai, il tombe
dans une patrouille du guet tout étonnée de voir
courir ainsi un homme en chemise, dans une nuit
du mois de mars. Un qui-vive fortement accentué
arrête son essor. — Ah! Messieurs, leur dit Piron,
c'est le ciel qui vous envoie. J'ai été battu et dé-
pouillé par deux voleurs qui me poursuivent pour
me tuer. Tenez, les voici; vous les trouverez en-

core nantis de mon habit qu'ils emportent. Gallet
et son compagnon arrivent en effet près de l'escouade qui les enveloppe et les arrête au nom du roi.
L'habit est rendu à Piron, et on se dispose à les
conduire en prison.

Le tour que prenait l'aventure pouvait nuire
à Gallet qui avait passé jusque-là pour un honnête épicier. Aussi voulut-il expliquer le fait,
mais la garde fut sourde et ne voulut rien entendre. On l'invite à marcher. Il résiste; les me-
nottes qu'on lui présente le décident. Collé fut
plus traitable. Lorsque le sergent lui demanda son
épée, il la lui remit d'un air héroïque, en déclamant les vers que prononce le comte d'Essex, dans
la tragédie, lorsqu'il remet la sienne au héraut qui
l'arrête au nom d'Elisabeth. Puis les prétendus
voleurs s'acheminent avec la garde chez le commissaire du quartier.

Piron marchait libre et joyeux en tête de l'escouade, à côté du sergent, et l'interrogeait d'une
façon toute comique sur le sort qui attendait les
deux prisonniers. — Ils seront pendus, répondait
sérieusement celui-ci, s'il ne leur arrive pis.

Gallet regrettait de plus en plus son paisible
comptoir et méditait tristement sur les suites de
cette aventure.

Jugeant enfin que cette comédie avait assez
duré, Piron voulut faire entendre au sergent que

les prisonniers, loin d'être des voleurs, étaient ses amis, et que tout cela n'était qu'une plaisanterie.

— Ah! maintenant que vous avez votre habit, lui dit le sergent, ces Messieurs sont d'honnêtes gens et vos amis, et vous voulez sauver des malfaiteurs? Vous les suivrez en prison. Piron veut insister; mais, sur l'ordre du sergent, on le réunit à ses compagnons et l'on arrive au bureau de police. Le commissaire était couché; son clerc reçoit les prisonniers.

Il invite le sergent à parler. Celui-ci commence son rapport; mais à chaque parole, interrompu par l'intarissable babil de Piron, le pauvre homme ne peut achever. Alors Piron se met en devoir d'expliquer l'aventure au clerc; celui-ci ne veut rien écouter, il traite l'histoire d'imposture, l'historien de menteur, et annonce qu'il va procéder à l'interrogatoire et dresser procès-verbal. — Tout comme il vous plaira, lui dit Piron, et si vous voulez, je vous aiderai à le mettre en vers. — Pas tant de verbiage, réplique le clerc qui crut que le poète lui parlait hébreu, procédons et commençons par vous. Votre nom? — Et le vôtre? lui dit Piron. —Ah! vous plaisantez la justice!.. —Je ne plaisante point; mais seulement je vous trouve plaisant de vouloir connaître mon nom avant de m'avoir dit le vôtre. Le clerc, tout clerc qu'il était, n'était pas des plus fins. Aussi, impatienté de ce qu'il appe-

lait une rébellion à justice, menaça-t-il Piron de
l'envoyer en prison, et celui-ci finit par se nommer. — Quelle est votre profession? Que faites-
vous? — Des vers. — Qu'appelez-vous des vers?
je ne connais pas cet état-là. Vous moquez-vous
encore de moi? — Je ne me moque point, je vous
dis que je fais des vers, et pour le prouver, j'en
vais faire à l'instant pour ou contre vous, à votre
choix. — Je vous ai déjà dit que je ne comprenais
rien à tout ce verbiage, et si vous me poussez à
bout, je vous préviens que vous pourrez bien vous
en repentir.

Piron se tut, et, se croisant les bras, contempla
le clerc d'un air admirateur. Celui-ci s'adresse
alors à Gallet. — Et vous, quelle est votre profession? — Je fais des chansons. — Des chansons,
des chansons; vous vous moquez aussi de moi,
je vois bien qu'il faut réveiller M. le commissaire..... — Ah! Monsieur, s'écrie Gallet, laissez
dormir M. le commissaire. Vous avez la mine si
éveillée que, sans compliment, vous valez à vous
seul un commissaire, deux commissaires, trois
commissaires, tous les commissaires de France et
de Navarre. Ne troublez pas le repos de ce cher
Monsieur qui, certes, n'est pas aussi gentil que
vous. Au reste, rien n'est plus vrai, je fais des
chansons; et si, comme il me semble, vous avez
du goût, vous devez savoir par cœur celle qui se

chante depuis un mois dans les rues et que j'ai
composée. Et Gallet se met à chanter ce refrain :

> Daphnis m'aimait ;
> Il le disait
> Si joliment,
> . Qu'il me plaisait
> Infiniment.

Ainsi, vous le voyez, je ne vous en impose
point ; je suis réellement chansonnier et de plus
marchand épicier en gros, pour vous servir, rue
de la Truanderie. En disant ces derniers mots,
Gallet s'incline devant le clerc tout ébahi et rouge
de colère.

A peine Gallet eut-il cessé de parler, que Collé
s'avançant brusquement s'écrie, avant que le
clerc eût le temps de l'interroger : Je vais vous
épargner la peine de m'adresser des questions ; je
m'appelle Charles Collé, je loge rue du Jour, pa-
roisse Saint-Eustache ; je ne fais rien, ce dont ma
famille enrage ; mais lorsque les couplets de Monsieur, en montrant Gallet, sont bons, je les chante.
Par exemple, écoutez :

> Avoir dans sa cave profonde
> Vins excellens, en quantité ;
> Faire l'amour, boire à la ronde,
> Est la seule félicité.
> Il n'est point de vrais biens au monde,
> Sans vin, sans amour, sans gaîté.

Puis, désignant Piron, quand Monsieur fait de bons vers, je les déclame; et aussitôt il déclame avec emphase :

> J'ai tout dit, tout, seigneur, cela doit vous suffire ;
> Qu'on me mène à la mort, je n'ai plus rien à dire.

A ces mots, Collé, dans l'attitude d'un héros sacrifié, s'avance vers la garde qui riait à gorge déployée de ce burlesque interrogatoire. Le clerc, pâlissant de colère, se lève et court éveiller le commissaire, tandis que Piron lui crie d'une voix dolente : Ah! Monsieur, ne nous perdez pas, nous sommes des enfans de famille.

Pendant qu'on réveillait à grande peine le commissaire profondément endormi, la scène avait changé de place ; les acteurs avaient suivi le clerc et se trouvaient dans la cour. Là Piron, soutenant merveilleusement son caractère, ne laissait point languir l'action; sa gaîté, excitée par son étrange situation, lui inspirait des saillies si bouffonnes, et la garde riait d'un tel cœur, que dans peu d'instans tous les voisins se mirent à leurs fenêtres, attirés par l'éclat de cette scène burlesque. Lorsque parut le commmissaire. — Ah ! s'écrie Piron,

> Voici fort à propos Monsieur le commissaire ;
> Monsieur, votre présence est ici nécessaire.

Qu'on se figure, d'un côté, le digne magistrat en pantoufles, en robe de chambre et en bonnet, à demi éveillé, plus encore par le bruit des spectateurs que par les efforts de son clerc, bâillant encore et se frottant les yeux; d'un autre côté, toutes les fenêtres de la maison illuminées aux divers étages par les habitans troublés dans leur sommeil; une foule de voisins en tenue nocturne et un bougeoir à la main, des hommes, des femmes, des enfans, des domestiques, tous riant à en perdre haleine, et la garde pâmée et n'en pouvant plus. Piron, debout dans la cour, parlant avec une volubilité incroyable, et ses deux amis l'écoutant avec des attitudes grotesques et comiquement sérieuses, tout cela offre aux yeux du commissaire étonné une scène dont il ne peut se rendre compte. Enfin, à force de se frotter les yeux, il se réveille tout-à-fait et s'écrie : — Ouf! voilà bien du bruit! Qu'est-ce que tout ceci, voyons; et s'adressant à Piron : Comment vous nommez-vous? — Piron. — Quel est votre état? — Poète. — *Poète?* — Oui, Monsieur, poète; comment, vous ne connaissez pas le poète *Piron.* Dans quel monde vivez-vous donc? C'était bon pour votre clerc; mais quelle idée aurais-je de vous d'ignorer mon état quand je me nomme? Oui, Monsieur, je suis poète, profession la plus belle, la plus noble, la plus sublime qu'un homme puisse exercer quand le génie lui en

permet l'accès! Eh quoi! vous, officier public,
vous, magistrat, vous ne connaissez pas le poète
Piron, auteur des *Fils ingrats*, si justement applau-
dis du public; de *Callisthène* qu'il a si injustement
sifflé, ainsi que je l'ai prouvé par des vers qui
valent une démonstration... — Que parlez-vous de
pièces de théâtre, s'écrie le commissaire en l'in-
terrompant au milieu de cette brillante tirade,
savez-vous que Lafosse est mon frère, et qu'il en
a fait d'excellentes? Il est auteur de la tragédie
de *Manlius*. Hem! qu'en dites-vous? Oh! mon frère
est un homme de beaucoup d'esprit. — Parbleu,
je le crois bien, réplique Piron; car le mien n'est
qu'une bête, quoique prêtre de l'Oratoire et que je
fasse des tragédies. Ce trait un peu leste ne fâcha
point le commissaire. La gaîté des trois acteurs
de cette scène burlesque, leur contenance qui
n'était pas celle de coupables, lui firent compren-
dre la vérité; et, s'étant fait raconter par Piron
toute cette plaisante histoire, il en rit aussi fort que
les autres et finit par inviter Piron et ses amis à
dîner chez lui le samedi suivant. On se sépare, et
Piron s'écrie, en se retirant : — Mes amis! rien ne
manque plus à ma gloire; j'ai fait rire le Guet!

Cette aventure courut bientôt tout Paris, et
M. Hérault, lieutenant de police, ne tarda pas à en
être instruit. Ce magistrat, qui connaissait Piron,
avec lequel il avait dîné quelques jours aupara-

vant, manda le poète dans son cabinet pour savoir de lui jusqu'aux moindres particularités de cette comique aventure et en divertir sa famille. Piron se rendit à ses ordres, et ne s'aperçut pas, en entrant dans son cabinet, tant il avait mauvaise vue, qu'il y avait un nombreux auditoire. — Ah! vous voici, Monsieur le tapageur, dit d'un air sévère le magistrat au poète; j'en apprends de belles; rendez-nous compte de votre conduite et du bruit que vous avez fait la nuit précédente. Piron, sans se déconcerter et se croyant devant un juge, commença son récit et le poursuivit d'une manière si plaisante qu'il déconcerta la gravité de son auditoire. Avouez, lui dit M. Hérault, dont le sérieux avait cédé à l'hilarité générale, que vous mériteriez bien une calotte pour cette folie. — Eh! qui serait assez hardi, Monsieur, pour m'en donner une, s'écrie Piron, quand votre chapeau m'en tient lieu. Et, en disant ces mots, il présenta à M. Hérault son propre chapeau qu'il avait pris pour le sien le jour où il avait eu l'honneur de dîner avec ce magistrat.

Tel était le caractère gai et résolu de notre Dijonnais. Ses saillies, toujours pleines de franchise, dénotaient chez lui un naturel excellent, enclin toutefois à se laisser aller à des sarcasmes qui parfois emportaient la pièce. Un jour, dans un lieu public, il examinait avec curiosité une dame

dont la réputation était loin d'être honorable.—
Pourquoi, lui dit cette dame, me *considérez-vous*
avec tant d'attention? — Madame, répondit-il, je
vous *regarde*, mais je ne vous *considère* pas.

Il se forma, à cette époque, une société de gens
de lettres dont Piron était l'ame. Ses membres se
réunissaient régulièrement une fois par semaine
pour souper, à frais communs, chez Landel, trai-
teur, rue de Bussy, et ils avaient donné le nom de
Caveau au lieu de leur réunion. On y rencontrait
la plupart des littérateurs célèbres de ce siècle.
Là, mettant à part toute susceptibilité, Piron et ses
amis s'étaient érigés en aréopage littéraire où les
écrits des sociétaires étaient examinés et où les
jugemens rendus étaient sans appel, parce que
chacun savait que l'œuvre et non l'auteur était en
cause; aussi les applaudissemens ou le blâme y
avaient un prix que l'impartialité du juge peut
seule donner, et l'opinion ratifiait au dehors ces
décisions éclairées par un goût exercé et le senti-
ment du beau.

Réunis par le plaisir autant que par la confra-
ternité littéraire, les amis du *Caveau* se livraient à
une gaîté franche et libre qu'entretenaient les piquantes saillies et l'inépuisable ressource de l'esprit de Piron. Ils n'accueillaient parmi eux que
des hommes à réputation intègre, et la moindre
tache était un motif d'exclusion. L'un d'eux ayant

été convaincu d'avoir prêté à usure, M. Crébillon fils lui adressa, au nom de ses amis, cette épître : M...... est prié de dîner, tous les dimanches, partout ailleurs qu'au *Caveau*.

La renommée du *Caveau* s'étendit. On aspirait à faire partie de cette heureuse société presque avec autant d'ardeur qu'on en eût mis à poursuivre les honneurs du fauteuil académique. Des hommes, que leur naissance plus que leur esprit avait placés dans une sphère qu'ils regardaient comme bien supérieure à la condition de tous ces favoris des muses, vinrent un jour au *Caveau*. Les convives les reçurent poliment et les invitèrent à s'asseoir ; mais ceux-ci refusèrent, et leur contenance semblait dire : *Allons, continuez, amusez nous.* Ce dédain fut puni par le silence le plus absolu ; la muse du *Caveau* resta muette en face de l'orgueil, et les grands seigneurs se retirèrent sans avoir compris que les hôtes du *Caveau* étaient faits pour rire des sots et non pour les faire rire. Cet incident fut le signal de la dissolution de la joyeuse société. On craignit de le voir se renouveler ; on cessa de se réunir et le *Caveau* fut irrévocablement fermé.

A cette époque, le talent et la renommée de Piron avaient atteint leur apogée. Il publia les ouvrages qui font justement sa gloire, et y mit le sceau en donnant sa *Métromanie.* On raconte que l'acteur, qui devait jouer le rôle principal, c'est-à-dire représenter un poète, ne sachant comment se vêtir, consulta Piron, qui lui dit : — Tranquillisez-vous ; à la première répétition vous prendrez modèle sur moi. Piron, en effet, se fit faire un habit magnifique, richement galonné, selon la mode du temps. A l'issue de la répétition, il entra au café Procope où se trouvaient plusieurs de ses amis. Aussitôt on entoure Piron, on le complimente sur la splendeur de son habit, et l'abbé Desfontaines renchérit sur les éloges. Il soulève, avec une feinte admiration, les basques de l'habit pour en faire mieux remarquer la richesse, puis il s'écrie : —Quel habit pour un tel homme!—Piron, soulevant à son tour le rabat de l'abbé, répond sur-le-champ : Quel homme pour un tel habit!

Cet abbé Desfontaines était journaliste ; il avait offensé Piron dans ses feuilles, et le poète répondit par cette épigramme qui courut tout Paris :

> Un écrivain, fameux par cent libelles,
> Croit que sa plume est la lance d'Argail ;
> Au haut du Pinde, entre les neuf pucelles,
> Il est planté comme un épouvantail.
> Que fait ce bouc en si gentil bercail ?
> S'y plairait-il, penserait-il y plaire ?
> Non, c'est l'eunuque au milieu du sérail :
> Il n'y fait rien, et nuit à qui veut faire.

Ce qu'il y eut de plus plaisant fut qu'il alla voir ensuite l'abbé Desfontaines, qu'il trouva avec deux

prêtres de la compagnie de Jésus. — Eh! quoi,
s'écrie l'abbé Desfontaines en le voyant, vous
osez vous présenter ici après l'*horrible* épigramme
que vous avez faite contre moi? — *Horrible?* répondit Piron, vous êtes difficile; comment vous les
faut-il donc? elle est pourtant fort jolie. Ce sang-
froid égaya les deux Jésuites et redoubla la colère
de l'abbé. — Au surplus, ajoute Piron, le dépit et
l'emportement ne remédieront à rien, et puisque
cette épigramme vous fâche si fort, il y a un moyen
bien simple d'en détruire l'effet. — Et quel est-il?
— Le voici : Ecrivez dans votre journal que cette
épigramme n'est pas nouvelle ; qu'elle a été faite,
il y a cinquante ans, on ne sait par qui, ni contre
qui. — Passe encore ; eh bien! donnez-la-moi. —
Ecrivez, je vais vous la dicter. — Et le journaliste
l'écrit aussistôt, commentant de son côté, et le
poète du sien, chaque vers de l'épigramme ; ce
qui choquait le plus l'abbé , c'était ce vers :

> Que fait ce bouc en si gentil bercail ?

—Vous avez beau dire, c'est affreux ; car, enfin,
je ne suis par un *bouc,* il faut effacer ce mot là.
—Impossible, dit Piron, cela romprait la mesure;
mais vous êtes libre de ne pas écrire le mot tout
entier ; mettez seulement un b....; le vers y sera
toujours, et le bon sens du public y suppléera.
Un des hommes qui avaient su le mieux appré-

cier tout le naturel et l'esprit de notre poète était
le comte de Livry. Il lui avait donné un appartement à son château de Livry et avait enjoint à tous
les gens de sa maison d'obéir à Piron comme à
lui-même. Piron y faisait de fréquens séjours, et,
en l'absence du comte, comme il n'aimait pas à
manger seul, il invitait Mme Lamarre, concierge du
château, femme assez instruite, et vivement éprise
des dogmes du jansénisme. Cette dame voulait à
toute force convertir Piron à ses croyances, et celui-ci répondait à ses argumens par les raisonnemens les plus plaisans dont le refrain était toujours : — Que voulez-vous, Mme Lamarre, chacun a
son goût; pour moi, je veux être damné. Et ces dis-
putes dégénéraient quelquefois en querelles si vives
de la part de Mme Lamarre que tous les domestiques
accouraient au bruit. Un jour, le comte de Livry
arriva au moment où la discussion venait de finir :
— Eh bien ! *Binbin* (1), dit-il à Piron, comment te
trouves-tu? es-tu content de la manière dont tu es
servi? — Certainement, M. le comte, répond le
poète, mais Mme Lamarre ne veut pas.... — Com-

(1) Ce sobriquet de *Binbin* ou *Bambin*, qu'on n'applique
qu'aux enfans, et qui contrastait plaisamment avec sa taille de
5 pieds 8 pouces, avait été donné à Piron dans les sociétés
intimes où il portait la joie, parce qu'à l'esprit le plus fin et le
plus caustique, il joignait la meilleure ame dont on pût être doué,
et la simplicité d'un enfant.

ment, corbleu, Mme Lamarre ne veut pas... Sachez, Madame, que M. Piron est ici le maître et qu'à la moindre plainte... Je veux... — Pardon, M. le comte, calmez-vous, et daignez m'écouter jusqu'à la fin; Mme Lamarre ne veut pas que je sois damné. — Eh pourquoi! s'il vous plaît, Madame, n'est-il pas le maître? de quoi vous mêlez-vous? Je vous le répète, je veux qu'ici il fasse à sa volonté, et ce n'est pas à vous à y trouver à redire.

Tandis que Piron charmait, à Paris, ses amis par la gaîté et la bonhomie de son caractère, sa liberté courait des périls à Toulouse. Voici à quelle occasion : on représentait la *Métromanie*, et, parmi les spectateurs, se trouvait un *Capitoul* nouvellement élu. Cet honnête magistrat, quoique compatriote de Clémence Isaure, ne connaissait rien de plus en poésie que le vieux dicton toulousain :

> Cil de noblesse a grand titoul
> Qui de Theloze est Capitoul.

Il prit pour une insulte personnelle ces vers que *Francaleu* adresse à *Baliveau* :

> Monsieur le Capitoul, vous avez des vertiges!!!
> Mais apprenez de moi qu'un ouvrage d'éclat
> Annoblit bien autant que le capitoulat.
> Apprenez.....

Le nouvel élu, pâle de colère, se lève et fait un bruit qui suspend la représentation. On ne put le

calmer qu'en lui nommant l'auteur contre lequel
il décrète sur-le-champ prise de corps; et l'auteur,
alors fort tranquille à Paris, ne se doutait pas que
la maréchaussée le cherchât à Toulouse pour le
mettre en prison.

Quand le Capitoul sut que le coupable ne pouvait être saisi, parce qu'il était inconnu dans le
pays, il prit un arrêté pour interdire au théâtre de
Toulouse les représentations de la *Métromanie*.

Le même personnage eut, quelque temps après,
maille à partir avec Molière. On jouait l'*Avare* en
sa présence, et il crut se reconnaître dans le personnage d'*Harpagon* volé par son fils. On dit qu'en
effet la ressemblance était frappante. Il inter-
rompt la représentation, il demande le nom de
l'auteur qu'on lui nomme, et il ordonne aussitôt
l'arrestation du nommé *Molière*. Puis, apprenant
qu'il était mort depuis plus de 80 ans : De quels
diables d'auteurs se sert-on là, s'écria-t-il ! pour
quoi ne nous donne-t-on pas des pièces de gens
connus?

On informa Piron du danger qu'il avait couru
sans s'en douter, et on l'invita à faire une
épigramme contre le malavisé magistrat. — Quelle
épigramme, répondit-il, pourrait valoir ce que
ce Capitoul a fait lui-même?

A cette époque le premier poète lyrique de
France avait quitté sa patrie : Des couplets scan-

daleux, attribués à tort ou à raison à *Jean-Baptiste Rousseau*, l'avaient fait exiler à Bruxelles, et il vivait obscur sur la terre étrangère dans l'amertume et l'ennui. Piron, étant venu par hasard à Bruxelles, vit le poète. Deux hommes d'un tel mérite s'apprécient promptement, et l'amitié la plus étroite ne tarda pas à les unir. Rousseau trouva dans le commerce de Piron de puissantes consolations et un adoucissement aux douleurs de l'exil.

Piron revint en France. Il y épousa mademoiselle Marie-Thérèse Quenandon, alors âgée de 53 ans, dont il avait apprécié la douceur du caractère et l'élévation de l'esprit. Le comte de Livry assura à Piron dans son contrat de mariage une rente viagère de 600 livres. Cette union fut heureuse, mais elle dura trop peu. Piron perdit sa femme en 1751. Elle lui fut enlevée après une longue et douloureuse maladie pendant laquelle cette femme distinguée dissimulait ses maux pour consoler son mari. Aussi, jamais il ne voulut l'abandonner à des mains étrangères, il lui prodiguait les soins les plus affectueux et n'épargnait rien pour adoucir sa situation. Une déception que Mme Piron avait éprouvée de la part d'un homme à la fortune et à l'élévation duquel elle avait contribué, lui fit une impression si profonde que son esprit en fut troublé. Vainement son mari voulut lui faire oublier l'ingratitude de cet homme ; elle était frappée

mortellement. Atteinte d'une paralysie sans re-
mède, elle languit quelque temps, puis mourut
entre les bras de son mari qui versa sur cette perte
des larmes sincères et durables.

. Cette dame possédait un vrai mérite, elle était
consultée avec fruit par les amis littéraires de
son mari, et liée avec Mme de Tencin dont la
maison était ouverte aux gens de lettres qu'elle
appelait ses *bêtes*. Piron faisait partie de la *ménage-
rie*. Il y rencontra un jour M. Languet, curé de
Saint-Sulpice et bourguignon comme lui. Mme de
Tencin lui présenta Piron comme un compatriote qui faisait honneur à la province : — Quoi,
c'est vous, M. Piron, dit le curé, je suis enchanté
de vous voir ; j'ai connu beaucoup votre père,
à Dijon..... Il avait les bras si longs..... — Ah !
monsieur le curé, que vos mains n'étaient-elles
au bout, répartit Piron , mon sort serait bien
différent !...

M. Languet rit de l'exclamation et ajouta : —
Comment se fait-il, M. Piron, qu'étant mon parois-
sien et de plus mon compatriote, vous ne soyez pas
venu me voir et que je ne vous connaisse point?
— C'est moins étonnant que vous ne le pensez, ré-
pliqua Piron, c'est que vous connaissez mieux vos
vaches que vos *brebis*.

Piron faisait allusion au revenu que la communauté de l'*Enfant-Jésus*, fondée par cet ecclésias-

tique, tirait d'une certaine quantité de vaches, dont le produit était considérable.

Un fauteuil vint à vaquer à l'Académie française. Les amis de Piron l'engagèrent à se mettre sur les rangs ; il le fit, mais, comptant peu sur une élection, il traita cette affaire, comme toutes celles de sa vie, d'une manière un peu cavalière. Passant devant le Louvre, où l'Acadamie tenait ses séances, il dit : « Ils sont là quarante qui ont de l'esprit comme quatre. » Dans le cours des visites d'usage, il se présente chez Nivelle de la Chaussée, à qui il laisse pour toute requête ces deux vers tirés de ce triste inventeur du *Comique larmoyant* :

En passant par ici , j'ai cru de mon devoir
De joindre le plaisir à l'honneur de vous voir.

Il ne se montra pas plus sérieux avec les autres Académiciens , et, comme on s'inquiétait déjà de son discours de réception : — Il sera bien simple, dit-il ; je me lèverai, j'ôterai mon chapeau, puis, à haute et intelligible voix, je dirai : Messieurs, grand merci ; et M. le directeur, sans m'ôter son chapeau, me répondra : Messieurs, il n'y a pas de quoi.

L'austère compagnie élut l'abbé de la Bletterie.

Quelque temps après, un nouveau fauteuil devint vacant et, cette fois, il fut élu d'une voix unanime. Mais des ennemis peu généreux réveillèrent le souvenir d'une faute de sa jeunesse. L'abbé d'Olivet porta sa fameuse ode à l'évêque de Mirepoix, et l'écrit licencieux qu'auraient dû effacer quarante années d'une vie sans reproche ne put trouver grace aux yeux du roi qui annula l'élection. Pour faire oublier au poète cet acte de rigueur, Louis XV lui assigna une pension de 2,000 livres sur le produit du *Mercure* de France.

Mais l'élection de Piron à l'Académie française fut ratifiée par l'opinion, et l'illustre auteur de l'*Esprit des Lois* ne cessa, depuis cette époque, de l'appeler *son cher confrère*.

Piron trouva parmi ses compatriotes des hommes de talent qui s'honorèrent de le compter au nombre de leurs amis. L'Académie de Dijon, après de vives instances que ses modestes refus ne purent lasser, eut la satisfaction de l'admettre dans son sein, honneur dont la faveur royale dédaigna cette fois de le priver ; sa place y était marquée depuis long-temps. L'Académie de Dijon, marchant sur les traces de l'Académie française, à laquelle elle avait donné plus d'un membre, comptait parmi les siens des hommes qui ont justement acquis à cette ville la réputation artistique et littéraire dont elle est en possession. Piron contribua à augmenter cette glorieuse renommée en siégeant parmi les Rameau, les Buffon, les de Brosses, dans cette ville où naquirent les Bossuet, les Bouhier, les La

Monnoye, les Crébillon et tant d'autres dont la
mémoire illustrera toujours l'antique capitale des
grands-ducs d'Occident.

La pension que Piron avait reçue lui fournit
une nouvelle occasion de montrer un désintéres-
sement d'autant plus estimable que ses moyens
d'existence étaient très-bornés et qu'il ne connaissait point l'art de tirer parti de sa plume. Le *Mercure*, journal officiel et servile, tomba par la suite
dans un tel discrédit que les intérêts des pensionnaires furent sérieusement menacés. Ceux qui
avaient le privilège de cette publication pério-
dique s'assemblèrent plusieurs fois pour aviser
aux moyens de lui rendre la vie. — Eh ! Messieurs,
leur disait Piron, comment voulez-vous que ce
qui est au-dessous de rien produise quelque
chose et nous fasse vivre ? Si, pour le bien com-
mun, il faut faire quelque réduction sur les pen-
sions, je fais l'abandon de la mienne, qu'on
la supprime ; quelque besoin que j'en aie, je ne
la regretterai pas. Je ne l'ai point demandée, je
n'ai jamais pensé que je la méritasse, et je serai
content si ce sacrifice tourne à l'intérêt com-
mun. — Ce noble et modeste langage ne fut point
écouté. On repoussa la généreuse proposition du
poète et l'on attendit des temps meilleurs.

Piron conserva, dans un âge avancé, toute la
gaîté, toute la verdeur et la finesse d'esprit qui le

faisaient remarquer à quarante ans. Son esprit railleur n'eut jamais rien d'amer ni de chagrin ; il plaisantait sans fiel et se moquait sans méchanceté. Né pour l'épigramme, il avait la satire en horreur ; le trait qu'il lançait pouvait être empreint de malice, mais jamais la noirceur ne l'empoisonna.

Un chanoine de la Sainte-Chapelle de Dijon lui avait écrit pour lui demander une satire contre une personne qu'il lui nommait. — Vous avez jeté les yeux sur moi, lui répondit Piron, comme sur quelqu'un qui pourrait être moins honnête homme que vous, et moins chrétien. Vous vous trompez ; si je faisais une action aussi infâme, je me rendrais éternellement indigne de la société et de l'estime des gens de bien.

C'était cette alliance étrange d'une disposition railleuse, pleine de moquerie et d'un tempérament porté à tant de douceur, de franchise et de loyauté, qui faisait rechercher Piron. On riait de ses saillies, de ses bons mots, on ne s'en irritait pas ; ils coulaient de source avec tant de naturel et de simplicité, qu'on aurait été malavisé de n'en pas rire tout le premier lorsqu'on en était l'objet. — Avez-vous lu mon mandement, monsieur Piron, lui dit un jour un évêque d'un ton qui semblait solliciter l'éloge ? — Non, Monseigneur, répartit Piron, et vous ?

Un jeune homme le pria d'entendre la lecture de ses poésies. A chaque vers imité ou pillé, Piron ôtait son chapeau. Le jeune auteur, surpris d'un geste si souvent répété, lui en demanda la raison :

— C'est, dit-il, que j'ai pour habitude de saluer les gens de ma connaissance.

Cette vivacité de répartie, qui le distinguait, lui servit souvent d'arme pour défendre sa dignité d'homme ou de poète, et renvoyer le trait dont on voulait le blesser. Il disputait un jour vivement avec un grand seigneur. Après quelques paroles très-piquantes échangées de part et d'autre, le poète dit au grand, qui se fâchait sérieusement :

— Finissons, Monsieur, la partie n'est pas égale ; je ne suis qu'un insolent, et vous êtes brutal.

Une autre fois, se trouvant chez un financier, une personne distinguée de la compagnie insistait pour passer après lui. Le maître de la maison s'en aperçut, et dit à l'homme titré : — Eh! monsieur le comte, ne faites point de façons, c'est un auteur..... Piron sentit qu'on voulait l'abaisser, il met aussitôt son chapeau, et marche fièrement le premier, en disant : Puisque les qualités sont connues, je prends mon rang.

Son esprit, toujours disposé à la raillerie et qui ne se démentit jamais pendant une longue carrière, ne laissa pas que de lui mettre quelquefois de mauvaises affaires sur les bras. Un jour, ayant plaisanté assez vivement un homme qui n'entendait pas raillerie, celui-ci se fâcha et lui demanda raison de ses sarcasmes. — A la bonne heure, dit Piron, et les champions partent pour aller se battre hors de Paris. En passant devant un café, Piron, qui avait souvent soif, s'arrête et invite son adversaire à se rafraîchir. Celui-ci refuse, et tandis que Piron se fait servir, il marche toujours, se presse, se fatigue et arrive au lieu du combat couvert de sueur. Là il attend long-temps son homme, il retourne à la découverte, mais inutilement ; Piron est devenu invisible. Harassé, il rentre chez lui et meurt en deux jours d'une fluxion de poitrine. On demande à Piron des nouvelles de son affaire : — Comment, lui dit-on, vous en êtes-vous tiré avec un tel? — Fort bien, répondit-il? je l'ai enrhumé.

Telle fut la vie de cet homme dont le souvenir est aussi vivace dans les traditions du peuple que dans les annales du monde littéraire. Alexis Piron cependant ne se rendit jamais coupable de ces calembourgs, de ces mauvaises pointes qui font le charme de la multitude et que proscrit avec sévérité un esprit véritablement fin et original. Toutes ses saillies annonçaient l'homme bien appris, d'une éducation cultivée et surtout d'un cœur excellent. La supériorité bien connue avec laquelle il maniait l'arme du ridicule le rendait redoutable, et

Voltaire lui-même, qui, cependant, était maître passé dans ce genre d'escrime, s'abstint le plus qu'il put de s'attaquer au poète dijonnais, quoiqu'il ne l'aimât guère et que la gloire d'autrui l'empêchât de dormir.

Piron était parvenu à l'âge de 84 ans, lorsqu'une chute grave l'enleva à ses nombreux amis et aux soins que prodiguait à ses vieux jours sa nièce Nanette. Cette nièce s'était mariée trois ans auparavant avec M. Caperon, célèbre musicien. Elle avait contracté ce mariage à l'insu de son oncle, pour ne point l'alarmer sur la durée des soins dont elle entourait sa vieillesse. Elle était bien persuadée que son oncle ignorait sa position et le vrai motif des visites fréquentes du musicien; mais Piron savait tout, et disait souvent à ses amis :
— J'en rirai bien après ma mort; Nanette a le paquet. Ce paquet était son testament, dans lequel on trouva ces mots écrits de la main de Piron : « *Je lègue à Nanette, femme de Caperon, musicien,* etc. »

Ce dernier trait peint toute la bonté de son cœur, et nous ne pouvons mieux clore sa vie que par ce touchant témoignage d'affection exprimé d'une manière si délicate et si naïve.

Son testament public est digne d'être connu : on y retrouve tout entiers son caractère et son esprit : « Je me recommande à la postérité; j'es-
« père plus dans son indulgence que dans celle

« de mes contemporains. Comme j'ai toujours fui
« la vaine gloire, et que je crains qu'une main
« amie ou ennemie ne barbouille mon tombeau
« d'une plate ou méchante épitaphe, je veux qu'on
« y grave celle-ci :

> Ci gît Piron qui ne fut rien,
> Pas même académicien.

« Je laisse mes ouvrages en proie à tous les
« journalistes de quelque pays, profession, qua-
« lité et secte qu'ils soient, sauf l'hypothèque
« des satiriques, des critiques, des compilateurs,
« des plagiaires et des commentateurs. Le grand
« Corneille ne leur étant point échappé, il y aurait
« de l'indécence, à moi, du ridicule même, de
« ne pas me laisser tourmenter, fouiller et saisir
« par ces baragers. Je laisse aux jeunes insensés
« qui auront la malheureuse demangeaison de se
« signaler par des écrits licencieux et corrupteurs,
« je leur laisse, dis-je, mon exemple, ma punition
« et mon repentir sincère et public. Je laisse,
« enfin, mon cœur à l'immortelle Académie fran-
« çaise, et la supplie de vouloir bien recevoir ce
« petit diamant, assez précieux pour sa rareté,
« n'y ayant chez le Mogol même aucuns joyaux
« qui vaillent un cœur vraiment reconnaissant. »
Sa mort arriva le 21 janvier 1773.

COMPLIMENT

Des Dames poissardes de Paris

AU ROI.

(RÉDIGÉ PAR PIRON.)

--- ⚬ ---

Ce compliment fut présenté à Louis XV, lors de
son retour à Paris, le 13 novembre 1744, après
la grave maladie qui le surprit à Metz, au mois
d'août précédent.

Le parlement, la chambre des comptes, le prévôt des marchands, le corps de ville, toutes les corporations avaient déjà présenté leurs félicitations à S. M., lorsque les dames poissardes furent admises aux Tuileries, dans les appartemens. Étant arrivées près du roi, environné de sa cour, la dame *Cocasse*, à la tête de ses compagnes, porta ainsi la parole :

« SIRE LE ROI,

« J'ons l'honneur d'être, sous vote respect, les députées des dames poissardes de vote bonne ville de Paris. Je v'nons à la queue des autres pour vous faciliter comme eux sus l'heureux retour de vote arrivée. Ceux qui l'ont fait devant nous, l'avont peut-être mieux fait, comme ayant la langue bian mieux dorée ; mais, en tous cas, si je n'ions pas bian dorée, pas moins je l'ons bian pendue ; l'un vaut l'autre. Les belles paroles ne manquent pas dans les bouches qui ont leux cœurs sur le bord des lèvres ; et, pour moi, c'm'est avis que, pour bian dire, gnia qu'à bian penser ; et j'pensons tout des mieux, drès que je n'pensons qu'à vous comme je fons.

« En un mot comme en cent, Sire le Roi, l'y a une vérité, c'est que réverence parlé, je vous ons pris en bian bonne amiquié, et que toute note peine est que la reine de Hongrie, Dieu l'amende! soit de note sesque. (On était alors en guerre avec Marie-Thérèse.)

« Que n'étiois vous là quand ce vint la nouvelle de vote maladie! Si vous eussiez vu note chagrin, ça vous eût fait plaisir ; et pis après de même quand ce vint à savoir que ce n'était pu rian, si vous aviois vu note joie, vous en auriois pleuré! A ma part, je suis stella, demandez, toute la poste en est témoin, qui prit à brasse-corps et qui baisit à la bouche le cheval de stila qui rapportit vote convalescence. Et tenez, à telle enseigne encore, que la pauvre bête, qui suait à grosses gouttes, m'accomodit, comme vous voyez, ma robe de sia-

moise ; mais telle que la v'la pourtant, j'en demande pardon au bon Dieu, je n'la troquerais pas,
rian qu'à cause d'ça, pour les belles robes des
dames de cians.

« Vous riez de mes rébus, Sire le Roi ; tant
mieux, j'en si bian aise ; et dame ! accoutez donc,
vous êtes cause qu'on nous baille queuque fois la
comédie à la ville et au faubourg ; c'est la raison
que je vous la baillons un peu itou ; je la ferions
pus longue si ce n'était aujourd'hui jour du marché.
Vous avez de même peut-être vos affaires de vote
côté, faut faire chacun les siennes.

« Adieu, Sire le Roi, je sommes vos petites
servantes, et j'allons boire à vote santé, pour à
celle fin que Dieu et la bonne sainte Geneviève
vous la consarve (1). »

---

(1) Cette bagatelle n'a jamais été imprimée qu'à trente exemplaires dans la collection de la Société des Bibiiophiles, vol.
de 1828. Nous la reproduisons d'après une copie manuscrite,
qui nous a été communiquée.

Ode

SUR LE PRIX DE L'ARQUEBUSE , REMPORTÉ A DIJON

PAR LES BEAUNOIS.

=

1715.

Il faut, muse, que tu dégoises ;
Tu brais bien, tu peux t'en vanter :
C'est la voix qu'il faut pour chanter
La gloire des armes beaunoises ;
Préviens Piron dans ce projet ;
N'attends pas que, sur ce sujet,
Sa muse passe la première :
Il aime à railler, tu le sais ;
Quand son nez flaire une matière,
Sa dent ne l'échappe jamais.

De Mars la trompette fatale
Ayant donné signal à tous,
Et Bacchus, pour ce rendez-vous,
Ayant ouvert sa capitale,
Les tenans vinrent à grands flots ;
De l'Ouche les superbes eaux
S'en enflèrent jusqu'au rivage,
Et Suzon, sur ses nobles bords
Plus dorés que le fond du Tage,
En déploya tous ses trésors.

5

Que de ces guerriers pacifiques
J'admirai le brillant essaim,
Quand je les vis, le glaive en main,
Traverser les places publiques !
Mais vinrent surtout les Beaunois,
Le dos bien fait pour le harnois !
Le bel air à porter les armes !
Du premier jusques au dernier,
Tous semblaient nés pour les alarmes
Qui nous font crier au meunier.

Durant cette cérémonie
La Discorde ne s'endort pas ;
Et voici, pour l'honneur du pas,
Qu'elle sème la zizanie ;
Nos chevaliers mal aguerris,
Moins par des coups que par des cris,
Se disputent le privilége ;
Rien n'en pâtit qu'un étendart
Qui, par un Dôlois sacrilége,
Se vit percé de part en part.

Le lièvre ne gît pas là, muse,
Ne nous impatiente plus ;
Quitte ces propos superflus,
Et viens au jeu de l'Arquebuse.
Entrons dans ce cirque fameux,
Où l'on voit l'Amour et les Jeux
Aux côtés du dieu de la Thrace,
Et voyons à qui le destin
Doit faire aveuglément la grace
De mettre la palme à la main.

Mais quelle imprudence est la nôtre !
Où diable me suis-je engagé ?

Je crois que l'on est enragé
Pour se pousser de part et d'autre.
Quelle horrible foule, grands dieux !
Que d'importans, de curieux !
J'étouffe, muse, sors, dépêche. —
On ne peut. — Hé bien, demeurons ;
Mais malheur à qui nous empêche !
Bientôt nous nous en vengerons.

Vois la troupe qui nous arrête ;
Ce sont les rustres du pays.
Les voilà tous bien ébahis
De se trouver à telle fête.
Examine un peu ce pied plat ;
Comme il est surpris de l'éclat
Des trompettes et des timballes ;
Vois bâiller cet autre innocent :
L'on dirait qu'il attend les balles
Pour les avaler en passant.

Comment ? par Amadis de Grèce !
Je vais perdre les étrieux.
Quel discourtois ose en ces lieux
Si brusquement fendre la presse ?
Dijon, ce sont tes chevaliers ;
Diable ! ils sont fiers sur leurs paliers.
Passez, héros de la contrée,
Vous garderez votre prix ? Bon !
Tout comme le jour de l'entrée
Vous gardâtes votre guidon.

Que d'animaux à la pâture !
Que de gens couchés sur le pré !
J'y remarque un muguet sacré
En assez galante posture.

Ses regards chargés de langueur
Sont moins attentifs au marqueur
Qu'aux yeux de celle qui l'écoute.
Ah, ventrebleu ! s'il était nuit,
Monsieur l'abbé ferait, sans doute,
Plus de beaux coups et moins de bruit.

Passons un peu sous ces allées ;
Jeunes fillettes, Dieu vous gard :
Que de Fontanges, que de fard,
Que vous voilà bien étalées !
A quoi bon tout cet attifet ?
Vous flattez-vous de faire effet
Sur nous, là, tous tant que nous sommes ?
Quittez, quittez ce fol espoir ;
Vos yeux frappent au cœur des hommes,
Comme un Dijonnais frappe au noir.

Cependant je vois qu'on vous lorgne ;
Tant il est vrai, pauvres humains !
Qu'au royaume des Quinze-Vingts
Le sceptre est dans la main du borgne.
Gentils chevaliers, approchez :
Les beautés qui vous ont touchés
Ne sont pas si diables que noires ;
Vous n'essuierez point de refus :
Qui remporte peu de victoires
Ménage un peu mieux ses vaincus.

Mais cette scène est disparue ;
Passons ; muse, un autre sujet ;
Empoignons le premier objet
Qui vient s'offrir à notre vue.
Olympicoles tout-puissans !
La surprise glace mes sens.

Que vois-je? Dieux! quelle bête est-ce?
. . . .
L'on n'en vit point de cette espèce
Dans toute l'arche de Noé.

C'est un moine!... deux, trois et quatre.
Ces porcs, fermes sur leurs jambons,
Sont, les uns plus noirs que charbons,
Et les autres plus blancs qu'albâtre.
Ah! je reconnais celui-là :
Eh! bonjour, père; que fait là
Votre révérence inutile?
Voyant tant de maris ici
Dont les femmes sont à la ville,
Vous y devriez être aussi!

Donnons-en tout du long de l'aune
A ces insectes odieux. . . . . .
Mais un bruit soudain vole aux cieux :
Dit-on : vive Beaune, ou la Saône? —
C'est Beaune, ou je suis bien surpris;
Comment donc? Beaune aurait le prix!
Non, non : Jugement téméraire!
Vive Beaune! Ouais! encore? abus :
Sabaoth! hélas! j'entends braire,
Pour le coup je n'en doute plus.

Quoi! le chétif ruisseau de Beaune,
Fier du renom de ses enfans,
Les verra venir triomphans
Malgré le Doubs, l'Ouche et la Saône?
Sur tous les Bourguignons unis
Un Beaunois remporte le prix!
Ah! rare et cruelle aventure!
Un Beaunois nous a tous vaincus,
Et Silène voit sa monture
Triompher des fils de Bacchus.

Venez, Martin, que je vous baise !
Il faut vous faire quelque don ;
Que l'on coure aux bords de Suzon
Cueillir à Monsieur une fraise ;
Pêcheurs, qu'on jette les filets ;
Tirez-nous quelques beaux brochets ;
Pardon si l'on vous fait attendre ;
L'on y court, comme vous voyez ;
Mais s'ils sont malaisés à prendre,
C'est qu'ils n'ont pas les fers aux pieds.

Clairons, qui brisez nos oreilles,
Et vous, impertinens tambours,
Allez aux moulins d'alentours
Porter le bruit de ces merveilles ;
C'est là qu'au nom de nos vainqueurs
Vous verrez tressaillir des cœurs
Par un effet de sympathie,
Et que, pour le prix remporté,
Chacun chantera sa partie,
En signe de fraternité.

Pour moi, sûr de ma renommée,
Je donne à lire mes couplets ;
Du funeste bruit des sifflets
Ma muse n'est point alarmée.
Allez, mes vers, bons ou mauvais,
Ne craignez rien, allez en paix
Chercher une gloire assurée.
De quoi me pourrais-je effrayer
Quand je vois, dans cette contrée,
Les ânes cueillir des lauriers ?

VOYAGE A BEAUNE.

Lettre

De M. l'avocat Piron à M. Jehannin, conseiller au Parlement,

AU SUJET DE CE QUI LUI ARRIVA A BEAUNE AU MOIS D'AOUT 1717.

A Dijon, le 10 septembre 1717.

MONSIEUR,

Supra dorsum meum fabricaverunt peccatores, et prolongaverunt iniquitatem suam. (Psal. 128.)

Voilà, en deux mots, le résultat du voyage fatal dont j'eus l'honneur de faire les premiers pas avec vous. Je trouve, parmi mes papiers, une lettre que M. Michel m'écrivit à l'apparition de l'Ode :

« Il faut, muse, que tu dégoises ; » il finit par ces
mots : « Si jamais vous avez à passer par Beaune,
n'y passez, mon cher, qu'incognito, et croyez-
moi. » Chacun me renouvelait cet avis à mon départ, mais on ne peut éviter sa destinée ; rien,
comme vous vîtes, ne me put retenir. J'ai toujours
voulu croire les Beaunois plus scrupuleux sur le
chapitre de l'hospitalité, à l'égard surtout d'un
enfant d'Apollon.

Je me suis cru sacré dans toutes les provinces.
Jadis Pierre Arétin fut respecté des princes ;
J'espérais d'un sot peuple encor plus de bonté
(Pardonnez, chère épaule, à ma crédulité).
Je n'ai pu soupçonner mon ennemi d'un crime ,
Malgré lui-même, enfin, je l'ai cru magnanime.

Tout aura sa place ; il ne faut pas commencer
par la péroraison au début. Vous savez ce qui
m'arriva jusqu'à notre séparation ; rien que d'honorable, rien que d'heureux. Voici le reste : Il
n'est pas besoin de vous faire ressouvenir que
vous me laissâtes à la Grand'-Justice, vis-à-vis de
Chenôve. A peine m'aviez-vous quitté, que je fus
accosté du vieux curé de Vougeot. Nous liâmes en-
semble un entretien qui me fit passer deux ou trois
heures bien vite ; il roula sur les dogmes de la foi,

Et nous jouâmes l'un et l'autre
Un rôle selon notre état :
Messire Jean faisait l'apôtre,
Et moi je faisais l'apostat.

D'abord la dispute paisible
Se fit raison contre raison;
Mais bientôt on changea de ton,
Et le combat devint terrible.
Je redoublais mes argumens :
Dépourvu de raisonnemens,
Notre homme s'enfuit dans la Bible,
Et fait là ses retranchemens.
Je cours après, je viens, j'assiége;
Alors le furieux cafard,
Derrière le sacré rempart,
S'écrie : Indévot! sacrilége!
Des gens au bout de leur latin
L'invective est le privilége.
J'en ris, et toujours plus malin,
Je presse; on capitule enfin.
Ah! le bel apôtre de neige!
Sa voix commençait à baisser,
Et sa foi, déjà confondue,
Paraissait prête à s'éclipser,
Quand j'eus un peu de retenue.
Dieu, que je crains, m'en fit user;
Car, sans la peur de l'offenser,
Ma foi, sa cause était perdue.

Il commençait véritablement à me demander
quartier par un lâche éloge, quand, pour l'honneur de la vérité, je lui démasquai mes sophismes
et lui donnai de quoi les faire évaporer, en cas
qu'un libertin s'en osât servir à plus mauvaise intention que moi. Nous fîmes la paix au premier
cabaret de Vougeot, et nous nous quittâmes. Je ne
laissai pas de le regretter; je restais avec une

compagnie taciturne, et sensible aux incommodi-
tés du voyage. Vous savez que les courses de nuit
sont presque toujours ennuyantes; celle-ci, surtout, avait je ne sais quoi de plus sombre et de
plus rebutant que les autres.

> Du haut de la voûte azurée,
> La maîtresse d'Endymion
> A peine éclairait d'un rayon
> Notre marche mal assurée.
> La nuit d'un vaste crêpe enveloppait les cieux ;
> Tout, jusqu'à la verdure, était noir à nos yeux.
> Aucun ruisseau voisin, de son tendre murmure,
> N'égayait les tristes passans ;
> Mille oiseaux de mauvais augure,
> De leurs cris aigres et perçans,
> Semaient l'effroi dans la nature.
> Les présages fâcheux, noirs enfans de la nuit,
> Me la rendaient encor plus lugubre et plus noire.
> J'eus des pressentimens de je ne sais quel bruit,
> Et vous verrez, par ce qui suit,
> Si je ne devais pas les croire.

Par surcroît de malheur, n'alla-t-il pas tomber
une pluie désespérée! Vous pensez quel vernis cela
donna aux horreurs de l'obscurité. Chacun mau-
dissait l'instant où il était sorti de Dijon : moi
seul, inébranlable, je gageai,

> Contre le ciel et sa fureur,
> De conserver ma belle humeur.

En effet, ma gaîté s'obstina si courageusement
contre la tempête et les ténèbres, qu'elle tint bon

jusqu'à Nuits, où nous nous rafraîchîmes : je ne respirais que désordre et remue-ménage. Malheur à qui s'avisait de s'endormir! Pour ranimer mon monde et l'éveiller, je composai cette chanson, sur l'air de Joconde :

A moi, garçon, vite un grand trait? \
    Verse à toute la bande : \
A toi, Pontoise, à toi, Maret, \
    A ta santé, Deslande. \
Pour savourer un jus si bon \
    Que ce pays nous donne, \
Que n'ai-je le col aussi long \
    Qu'on a l'oreille à Beaune !

Il est des conjonctures où les chansons du Pont-Neuf l'emportent sur celles du Palais-Royal. Chacun voulut savoir la mienne, on la répéta pendant deux heures à gorge déployée, au bout duquel temps la station finit, et nous décampâmes, voulant nous rendre à Beaune un peu de bonne heure. Je fis ces trois dernières lieues un peu moins gaîment que les premières. Mes amours me remontèrent en cervelle, à la barbe de toute ma philosophie ; il fallut s'y livrer ; je soupirai... je m'éloignai pour être seul... un homme, tel que je l'avais été jusqu'alors, m'aurait fort importuné ; la vive image d'un bonheur passé, le ressentiment d'un présent douloureux, la prévoyance de l'avenir indubitablement plus funeste, arrêtaient toutes

mes réflexions. Pour en adoucir l'amertume, je
m'amusai à composer cette ode élégiaque (1).

Revenons à ma narration.

L'aurore, comme dit le merveilleux P. Lemoine,
avait chassé la nuit avec un fouet de pourpre, et
ouvrait la porte de l'hémisphère avec une clef
vermeille,

> Quand on aperçut le poulet
> Du plus haut clocher de la ville,
> Où la parque, un peu trop habile,
> A pensé couper le filet
> Des jours de votre humble valet.

A l'aspect de ce redoutable haras de Silène,
mon cœur battit comme celui de l'insensé Régu-
lus, quand, à son retour de Rome, il découvrit les
tours de Carthage ; mais il n'était plus temps de
reculer. Après avoir donc arboré pavillon blanc,
c'est-à-dire, après avoir épanoui les couleurs de
Dijon sur mon chapeau, et l'avoir enfoncé mé-
chamment sur mon oreille, j'entrai sur les terres
ennemies, en me recommandant à la dame de mes
pensées. Quoiqu'il ne fût que sept heures, nous
trouvâmes les rues déjà pleines de monde.

---

(1) Ici se trouvent douze stances adressées à son infidèle ;
elles nous ont paru trop fades et trop hors-d'œuvre pour obtenir
une place dans cette édition.   (Note de l'éditeur).

Me voyant au milieu de ce peuple amassé,
  J'avais l'orgueil et la malice
  De me prendre pour un Ulysse
  Entrant dans la cour de Circé.

L'air du pays me surprit; il m'échappa deux
ou trois pensées qui avaient fort le goût du ter-
roir. Comme c'est fête le dimanche à Beaune, aus-
si-bien qu'ici, je demandai aux passans si l'on y
disait des messes le matin. On ne me répondit que
par un éclat de rire qui ne me réveilla que pour
une autre chute pire que la première. Ma mère,
auprès de qui je me rendis, m'ayant dit que j'étais
bien hâlé, je lui dis que c'est qu'il avait fait un soleil
de diable toute la nuit. Le second éclat de rire que
cette bêtise m'attira me fit tenir sur mes gardes.
Je reconnus que le génie abrutissant de Beaune
m'avait déjà fait avaler de son air empoisonné. Je
sus bien où trouver du Moly; je courus purger
mon esprit au logis des Trois-Maures, où je trouvai les médecines si bonnes que j'en pris quinze
ou vingt sans les rendre. Ainsi muni d'un dé-
jeûné de trois ou quatre heures, je fus à ma toi-
lette, et de là à je ne sais quelle église; mais
du moins sais-je bien que la providence avait
pris de si bonnes mesures que, tel qui s'y trouva
pour y lorgner, fut obligé d'y prier Dieu.

  Non pas qu'il y manquât de femmes,
  Tout en était plein jusqu'au chœur;

Mais c'est qu'en vérité ces dames
Auraient effrayé Jean-Sans-Peur.
Mes yeux, qui partout galopaient,
N'en rencontraient que d'effroyables ;
Et sans le bénitier, où leurs mains se trempaient,
J'aurais cru que c'était des diables.

Je crois qu'elles furent bien scandalisées de la
dévotion d'une trentaine de jeunes gens qui les
environnaient ; on ne les gratifia pas d'une dis-
tribution et jamais Dieu n'eut, à des messes d'onze
heures et demie, des cœurs moins partagés. N'allez pas là-dessus tirer des conséquences contre le
sexe de Beaune ; la laideur n'y est pas générale
comme la bêtise. On trouve de la fleur et du son
dans un sac de farine ; mais, ma foi, je pense
qu'on l'avait blutée, et que le diable avait em-
porté la fleur et Dieu le son. En sortant de là,
un vieil ami de mon père, averti de mon arrivée,
m'emporta chez lui pour y dîner.

Le buffet était prêt, et la nappe était mise ;
L'hôte nous régala des mieux.
Surtout je vous dirai qu'à ce repas mes yeux
Furent plus heureux qu'à l'église.
On m'avait mis
Vis-à-vis
D'une pucelle à blonde tresse,
Dont l'air aimable et languissant
Redoublait ce charme innocent
Que nous voyons à la jeunesse.
De ses grands yeux, tendres et mornes,
Il tombait des regards dont la douce pudeur

Eût fait sortir, sur mon honneur,
L'ame d'un capucin des bornes.
Je me plus devant elle à parler de l'amour ;
Je peignis les douceurs d'une vive tendresse ,
D'une rupture, d'un retour,
Et d'une innocente caresse.
Enfin, je mis si bien ces plaisirs dans leur jour
Que j'en vis soupirer ma convive adorable.
Peut-être, disait-elle, en jugeant de mes feux
Par la vivacité de ces portraits heureux :
Ah ! qu'il sait bien aimer ! Que n'est-il plus aimable !
Je voudrais le rendre amoureux.

Depuis deux heures de séance nous ne songions guère à dire graces, quand tout-à-coup,

Exoritur clamorque virum, clangorque tubarum.

Chacun courut de la table aux fenêtres, hors moi, qui, pour voir de plus près, voulus descendre dans la rue : rien ne m'échappa ; je puis dire même que je vis une fois plus que les autres. Ce tintamarre agréable annonçait l'ouverture du prix où les chevaliers de dix villes s'acheminaient en bel ordre.

Ceux de Chaumont, comme les étrangers les plus éloignés, avaient le pas. Nos Dijonnais suivaient ; ils voulurent, en passant, m'emmener à toute force avec eux, me disant à l'oreille qu'ils m'avaient entendu menacer. Je m'excusai opiniâtrément de les suivre, sous prétexte que j'étais sans épée. Quant aux menaces, je leur dis :

Allez, je ne crains pas leur impuissant courroux,
Et quand je serais seul, je les *bâterais* tous.

L'ordre de la marche entraîna ces honnêtes
importuns et m'en délivra. Châlon, Chagny, Nuits,
Saulieu, Semur et deux autres villes, dont j'oublie
le nom, passèrent après. Les chevaliers de Beaune
enfin parurent sous la livrée verte. Dès que j'en
fus aperçu, mon nom courut de bouche en bouche,
et vola dans les airs. L'on porta, d'un bout à l'autre, la main au cimeterre; en un moment j'en vis
briller quarante à mes yeux, dont toutes les pointes
se tournèrent de mon côté. Vous me croyez perdu?
tant s'en faut. Toutes ces pointes baissées avec
l'étendard m'honorèrent d'un salut militaire, qu'au
milieu d'un vacarme enragé, je reçus d'un air reconnaissant, le bonnet au poing, et l'index de la
main droite sur la bouche en signe de discrétion;
et j'aurais sans doute gardé cette promesse, si la
jeunesse outrecuidée qui suivait ces bons et loyaux
chevaliers n'eût rompu ce traité de paix. Ces ros-
signols, la plume sur l'oreille et le fusil sur l'é-
paule, allaient cinq à cinq; et, comme le ruisseau
de la rue coulait abondamment, chaque soldat du
milieu, pour ne point rompre son rang, marchait
dans la posture du colosse de Rhodes. Je ne pus
m'empêcher d'en plaisanter avec ceux qui m'en-
touraient. La superbe infanterie me fit une décharge de regards terribles que je payai d'un ris

de mauvais augure ; nous ne nous fîmes pas pour
lors d'autre mal. Tout s'écoula, et, le spectacle
achevé, le torrent des curieux m'enleva jusqu'aux
buttes où s'allait disputer le prix.

Un feuillage agréable, assez bien ajusté,
  Formait un long rang de portiques
  Servant de face à quantité
  De loges frêles et rustiques :
Deux longs ais, sous chacune appuyés par deux bouts,
  Tremblaient sous le poids des bouteilles ;
  Et, dansant au son des glougloux,
Des chantres à l'entour y brisaient les oreilles ;
Tandis que, sur un noir éloigné de cent pas,
  Mars, las d'ensanglanter la Terre,
Et frappant les échos du bruit d'un vain tonnerre,
Signalait à nos yeux l'adresse de son bras.
  Cependant, parmi le fracas
  Des pots, des verres et des armes,
  L'amour qui ne s'endormait pas,
Dans les yeux du beau sexe étalant tous ses charmes,
Livrait au fond des cœurs de terribles combats,
  Et semait de vives alarmes.

Il n'est que d'être crotté pour affronter les bour-
biers ; ma passion ne m'en faisait plus craindre
d'autres ; je laissais hardiment courir mes yeux
de belle en belle. Dans cette occupation, une jeune
Beaunoise, sortie de Dijon depuis quinze ou seize
mois, et que j'y avais vue l'intime amie de ma cou-
sine, me reconnut et m'arrêta pour me demander
comment elle et moi nous nous portions. Sa vue

me troubla, toutes mes plaies se rouvrirent; je ne répondis rien à ces questions frivoles.

Sed graviter gemitus imo de pectore ducens,

Je suis trahi, lui dis-je; vous ne voyez plus en moi que le rebut de votre cruelle amie : elle est infidèle..... elle me tue. Ah! que votre présence me rappelle d'heureux momens, momens perdus pour jamais!

Cette nouvelle l'étonna plus que ma douleur; mais ma douleur la toucha plus que cette nouvelle. Je tâchai de goûter les avis obligeans et les consolations qu'elle voulut me donner, sur une perte qui lui déplaisait moins qu'à moi.

> Mais mon malheureux cœur chérit son esclavage,
> Il ne veut pas qu'on le soulage :
> Je ne sais que la mort, trop lente à m'arriver,
> Qui puisse en arracher l'image
> Qu'un trop fidèle amour a pris soin d'y graver.

Tout se plut à m'accabler. Laissez dire les amans : vous allez voir que je trouvai la plus belle occasion pour aller dans l'autre monde, sans en vouloir profiter. Cette rencontre me donna quelques instans de rêverie, dont les devises environnées de guirlandes me tirèrent. La première que je vis était morte, du moins son corps était bien séparé de son ame; et voilà, ce me semble, ce

qu'on appelle être mort : c'était deux arquebuses
en sautoir avec cette légende : *Licet divisa, tendunt
eodem,* entendant par ces mots les différentes trou-
pes de chevaliers qui, quoique divisés, tendaient
au même but. Cette pensée ne s'offre-t-elle pas
bien par deux armes croisées, dont l'une porte à
l'orient et l'autre à l'occident? Je passais aux autres, quand il fallut m'abandonner à une troupe
d'étrangers et d'amis qui m'emportèrent sous les
loges pour y boire, vie qui dura jusqu'à cinq ou six
heures du soir, que je quittai pour me trouver à
un souper où d'honnêtes gens m'attendaient. En
passant par la Grand'-Rue, je vis un âne attaché
à des barreaux; je lui ajustai sur l'oreille une touffe
de rubans verts (couleur de Beaune), et, le déta-
chant, je lui dis : « Marche aux Buttes. » Les té-
moins, qui n'étaient point de Beaune, en rirent;
mais j'ai su que des gens aux fenêtres en avaient
juré vengeance. En attendant, je soupai ce soir-
là le mieux du monde.

Avant d'être à la chanson,
Je fatiguai l'échanson.
Pour satisfaire aussi les dames,
Au son du hautbois nous dansâmes;
Et, pour fermer enfin le divertissement,
Avecque ma mine attristée
Je racontai nonchalamment
Les effets merveilleux de la bague enchantée.

Voilà bien des mouvemens pour une journée précédée d'une nuit assez fatigante ; aussi, me dispensai-je d'aller au feu d'artifice qu'on allait tirer aux Buttes, avec une décharge d'artillerie. Après un profond sommeil de sept ou huit heures, je fus réveillé par les instrumens de guerre qui rappelaient les chevaliers au pas. Les plaisirs recommencèrent avec le bruit des armes. A quoi bon vous les spécifier encore ?

> Sans un esprit pareil au vôtre,
> Puis-je de nouveaux traits dépeindre un second jour
> Que je fis couler comme l'autre,
> Dans les plaisirs du vin, des jeux et de l'amour ?
> Sauter, manger, chanter et boire,
> Boire, chanter, manger, sauter,
> Ressauter, remanger, reboire et rechanter,
> Ce fut toujours la même histoire.

Je m'informai du succès du feu d'artifice de la veille auprès de quelques bourgeois, qui me dirent que le bruit du canon avait donné un beau spectacle, et que le feu des serpentins avait brûlé toutes les *épitaphes* entourées *d'irlandes* qui ornaient le jeu. Que dites-vous de ce rapport ?

Ce jour-là, je fus traité splendidement aux P.P. de l'Oratoire, en considération d'un frère aîné que j'ai chez ces messieurs. Ils m'invitèrent, en sortant, à venir à des thèses qu'ils faisaient soutenir le lendemain à leurs jeunes pensionnaires sur l'histoire des douze Césars. Il me passa un trait de cette histoire par l'esprit, qui me leur fit dire en prose ce que je vais mettre en épigramme au sujet des âneries de la Maison-de-Ville de Beaune, si célèbres par tout le royaume :

> Pour consul à Rome autrefois
> D'un cheval le sénat fit choix :
> Ainsi le rapporte Suétone.
> Après un tel événement,
> Je ne m'étonne pas que l'on ait vu souvent
> Des ânes magistrats à Beaune.

Extrema gaudii luctus occupat. Voici le commencement de mes infortunes. J'en précipiterai le récit, parce qu'il vous chagrinera si vous m'aimez, et qu'il vous ennuiera si je vous suis indifférent. Je m'avisai sur les dix heures du soir, après souper, d'aller à la Comédie. La première et la meilleure scène que j'en eus, fut la réponse d'un Beaunois du bel air, à qui je demandai quelle pièce on jouait : *les Fureurs de Scapin*, me répondit-il gravement. On m'avait dit, repris-je, que ce serait *les Fourberies d'Oreste*. A ce mot, qui fut hébreu pour lui, nous entrâmes tous deux, lui sur le théâtre, et moi dans le parterre. J'y fus reconnu d'un troupeau de jeunes bourgeois qui se carraient sur la scène, aussi fiers que quand on les étrille. Ils m'envoyèrent des quolibets tels quels, et je n'y ré-

pondis que trop, quand les comédiens qui com-
mencèrent nous firent finir au grand regret des
rieurs. Telle chèvre, telle laitue ; c'est-à-dire que
la pièce fut jouée selon les spectateurs, pitoyable-
ment. Cependant, comme il y a bien des coups de
donnés dans cette farce, elle emporta l'applaudis-
sement général.

Un petit maître de Beaune, de ceux qui m'a-
vaient entrepris avant la pièce, enthousiasmé de
la scène du sac, s'écria : Paix donc, là ! on n'entend rien. Je lui criai sur le même ton : Parbleu,
ce n'est pourtant pas faute d'oreilles. Ce fut là ma
condamnation : tous les offensés jurèrent ma perte.
La pièce finie, ces braves coururent m'attendre au
passage. A peine eus-je le nez à l'air, que me voilà
relancé de vingt ou trente épées nues. Je ne pus
si bien faire qu'en un moment je ne m'en visse environné. Je n'avais qu'une canne, qu'après un
instant de folle résistance je jetai contre terre,
pour désarmer cette meute affamée de ma carcasse ; mais quand je vis qu'on ne m'en faisait pas
plus de quartier, donnant alors à travers de tous
ceux qui se trouvaient devant moi, j'esquivai la
moitié des coups, j'essuyai l'autre et je disparus ;
vous concevez ce que je veux dire ? Je disparus,
c'est-à-dire que mes pieds me mirent à l'abri de
cet orage, avec un seul coup de pointe très-léger
dans le flanc ; minuit sonnait, les rues étaient cal-

mes et désertes, et la lune y donnait à-plomb. Le *hic* était de regagner mon logis ; je le cherchais pas à pas dans l'ombre. Je l'apercevais déjà, et je commençais à rire de mon aventure, quand je vis courir mes gens à moi, flamberge au vent. Il fallut donc fuir encore ou mourir ; je tournai gaîment les talons, et j'eus à peine un peu d'avance, que je m'arrêtai pour les complimenter sur leur grand courage et leur aversion pour les duels. Mes discours redoublèrent leur course, leur course redoubla la mienne : je me fis bientôt perdre de vue, et je commençais à respirer ; mais :

> Admirez avec moi le sort dont la poursuite
> Me fait tomber encore au piège que j'évite.

Au détour d'une rue, je me trouve encore bec à bec avec mes chasseurs ; s'imaginant alors que je voltigeais autour d'eux pour les braver, ils firent plus d'efforts que jamais pour m'atteindre.

> Pour me dérober à la troupe
> De ces lâches persécuteurs,
> Pégase, autour de mes malheurs,
> Que ne me tendais-tu ta croupe !

C'était fait de moi ; je n'espérais plus rien. Poursuivi depuis près d'une heure par une légion d'épées, au travers de rues inconnues qui me remettaient à tout moment au milieu de mes bourreaux,

sans armes, en un mot, sans secours, je songeais
au *libera*, et je faisais des réflexions bien laxati-
ves, quand je me vis secouru de la plus jolie main
que j'eusse pu choisir. Une jeune demoiselle, re-
gardant par une fenêtre basse, et me voyant fuir
à la pointe de tant d'épées, s'écria qu'on allait
tuer un homme. Son frère, qui regardait à la
fenêtre haute, lui dit d'ouvrir vite; elle le fit, j'entrai, l'on referma, et j'offris visage de bois à mon
escouade assassine. Comme j'étais fort abattu, je
me laissai mener sans compliment dans une chambre où l'on me fit coucher. Le lendemain matin,
cherchant par la maison qui remercier avant d'en
sortir, j'entrai dans l'appartement où couchait
ma belle libératrice. Au bruit que je fis, elle ouvrit
son rideau; j'approchai du lit pour lui témoigner
ma reconnaissance. Qu'elle était belle! je ne sais
si le bienfait que j'en venais de recevoir lui prêtait
de nouveaux charmes à mes yeux;

> Mais jamais à ma belle ingrate
> Je ne vis un teint si vermeil.
> La fraîcheur qu'après lui laisse un profond sommeil
> Attendrissait l'éclat de sa peau délicate;
> La fine toile de ses draps
> Noircissait auprès de ses bras.
> Ses yeux bleus et touchans brillaient d'un feu céleste;
> Mes regards sur sa gorge égaraient mon esprit,
> Qui, se glissant au fond du lit,
> Semblait me découvrir le reste.

Belle et rare conjoncture pour un esprit roma-
nesque! C'était là l'endroit de mettre tout Cyrus
en longs complimens. Je les fis les plus précis et les
plus énergiques que je pus ; et, mon adieu fini, je
vins à mon auberge, où je trouvai ma mère qui me
fit partir sur-le-champ.

Voilà, Monsieur, la fidèle histoire que tout le
monde commente ici à sa fantaisie. Mon père me
témoigna un mécontentement inflexible. Un petit
nombre de bons esprits ne m'en estimèrent pas
moins ; d'autres plus simples me plaignent, plusieurs me raillent, et la plupart me blâment, quoique, après tout,

> Je trouve qu'il est honorable
> De me voir haïr dans un lieu
> Où l'ânerie est estimable ;
> Car, comme enfin, sans plaire à Dieu,
> Je ne saurais déplaire au diable ;
> De même, quand vous me chassez,
> Illustres habitans de Beaune,
> Il me semble que c'est assez
> Pour me faire entrer en Sorbonne.

Mes fâcheux supérieurs ne se paient pas de ce
raisonnement. Leur mauvaise humeur et mes cha-
grins finiront quand Dieu voudra. Jusqu'à présent
l'un et l'autre m'ont si bien persécuté, que je n'a-
vais pas seulement le courage de vous écrire,
c'est-à-dire de me consoler. Je le fais enfin,

unique plaisir et seule douceur que mon cœur ait
goûté depuis quinze ou vingt jours. Il est bien
temps que ce plaisir finisse.

> Je m'y suis trop abandonné :
> Revenez, sombre ennui, c'est assez vous suspendre ;
> Peut-être vous ai-je donné
> En tardant trop à vous reprendre.

FIN DU VOYAGE A BEAUNE.

Réponse de Piron

A LA CHANSON BEAUNOISE, OU ON LE RAILLAIT DE
SA MÉSAVENTURE.

———————

Brave et savant peuple de Beaune,
Fils de Phœbus et de Bellonne,
Qui servez les deux tour à tour,
Glorieux des exploits célèbres
Que vous fîtes dans les ténèbres,
Vous les produisez donc au jour.

Chanson digne de vos écoles,
Le sujet, l'air et les paroles,
Rien n'en dément le nom beaunois;
Pour nous la rendre encor plus belle,
Que ne pouviez-vous avec elle
Envoyer ici votre voix?

De la part d'un de vos libraires,
J'en ai reçu dix exemplaires;
J'avais besoin d'un tel envoi,
Il ne pouvait m'être inutile;
M'en eussiez-vous donné dix mille,
J'en aurais fait un bon emploi.

Lorsque, sans verge et sans épée,
Sur ma carcasse constipée
Je vis briller vingt glaives nuds,
Je le confesse à votre gloire,
Vous me fîtes venir la foire :
Vous me deviez des torche-culs !

Epigramme

DE M. LECAUX DE MONTLEBERT, CONTRÔLEUR DES FERMES DU ROI
ET PARENT DE CORNEILLE,

CONTRE PIRON.

Quand Timandre, à Paris, entonna la trompette,
Des rimeurs tels que toi le faible essaim trembla ;
Dijon, au bruit de sa musette,
D'applaudissemens le combla,
Et Beaune en fut si satisfaite
Qu'elle vint en ses mains remettre une houlette
Faite du bois qui l'étrilla.

Réplique de Piron.

Foin de votre trompette et de mon flageolet,
Je donnerai pour rien mon paiement et le vôtre ;
J'eus des coups de bâton, vous des coups de sifflet :
Le premier au rimeur fait plus d'honneur que l'autre.

TABLE.

FIN.

DESCRIPTION

HISTORIQUE ET TOPOGRAPHIQUE

DU DUCHÉ DE BOURGOGNE,

Précédée de l'abrégé de l'histoire de cette province;

PAR L'ABBÉ COURTÉPÉE.

NOUVELLE ÉDITION AUGM. DE PIÈCES CURIEUSES ET INÉDITES.

4 très-gros vol. in-8° demi-compactes. — 26 fr.

> « L'histoire de la contrée, de la province, de la
> « ville natale, est la seule où notre ame s'attache
> « par un intérêt patriotique; les autres peuvent
> « nous sembler curieuses, instructives, dignes
> « d'admiration, mais elles ne touchent point de
> « cette manière. »

Aug. THIERRY. — *Let. sur l'Hist. de France.*

..... Le 1ᵉʳ volume qui vient de paraître contient en sus du texte de Courtépée :

1° Mémoire critique sur l'origine et les migrations des anciens Bourguignons, avec deux cartes relatives aux différentes stations de ces peuples.

Cette partie curieuse de l'histoire générale de Bourgogne n'avait point encore été complétement élucidée, et même la plupart des prétendus critiques qui ont essayé d'expliquer les origines bourguignonnes, n'avaient guère entassé que des erreurs. Le travail de M. de Belloguet rectifie ces erreurs de ses devanciers; c'est jusqu'à présent ce qui a paru de plus exact et de plus approfondi sur les origines bourguignonnes. Désormais ce travail laborieux, que nous n'avions pas annoncé dans le premier prospectus, servira de préambule indispensable à l'histoire générale de la Bourgogne.

2º Des notices de l'abbé Richard, extraites des *Tablettes historiques,* sur le cérémonial des ducs de Bourgogne, etc.

3º Mémoires du chanoine Chenevel sur l'origine de Dijon, ses premiers souverains, ses fortifications, ses portes, ses rivières et fontaines, ses marchés, son ancien cimetière, et l'état des Juifs avant 1395.

4º Trois plans de Dijon. Le premier tiré du livre de l'*Origine des Bourguignons* par St.-Julien de Balleure, présente Dijon à vol d'oiseau en 1574; le second, extrait de l'*Histoire de l'Abbaye de St.-Etienne* par l'abbé Fyot, comprend dans l'enceinte de la nouvelle ville la configuration du *Castrum divionense* romain; et le troisième un plan de la ville actuelle.

5º Enfin nous donnons la reproduction réduite de la carte du Duché de Bourgogne dressée par ordre des élus généraux de la province, en 1780.

Les volumes suivans offriront d'autres pièces, ainsi que des plans et cartes. Nous en donnerons les titres dans des avis particuliers en tête de chaque volume.

Les nombreux errata de la première édition ont été corrigés en leur lieu et place, et quelques erreurs échappées à l'auteur ont été rectifiées dans des notes, pour ne point altérer le texte original.

L'ouvrage sera terminé par une table des matières plus étendue et mieux disposée que celle de la première édition.

La rigoureuse exactitude que nous avons apportée dans toutes nos publications précédentes garantit que les conditions de celle-ci seront exécutées avec les mêmes soins et la même ponctualité.

CONDITIONS DE LA SOUSCRIPTION.

On ne paie rien d'avance.

Les sept volumes grand in-12, avec les augmentations, seront réduits dans la nouvelle édition à 4 gros volumes in-8º demi-compactes, avec couvertures imprimées.

Le prix est fixé à 6 fr. 50 c. le volume, payables au fur et à mesure de la mise en vente.

On a tiré quelques exemplaires en grand papier vergé. Prix : 9 fr. le volume.

Après la mise en vente de l'ouvrage, le prix sera augmenté.

La liste de MM. les souscripteurs sera imprimée à la fin du 4ᵉ volume.

www.ingramcontent.com/pod-product-compliance
Lightning Source LLC
Chambersburg PA
CBHW070019110426

42741CB00034B/2197